U0817781

天祿論叢

——中国研究图书馆员学会学刊

第3卷　2013年3月　Volume 3　March 2013

JOURNAL OF SOCIETY FOR CHINESE STUDIES LIBRARIANS

主　编　马小鹤　蒋树勇
Editors-in-Chief　Xiaohe Ma　Shuyong Jiang

GUANGXI NORMAL UNIVERSITY PRESS
广西师范大学出版社
·桂林·

图书在版编目（CIP）数据

天禄论丛：中国研究图书馆员学会学刊．第3卷．2013年3月／马小鹤，蒋树勇主编．—桂林：广西师范大学出版社，2013.3
ISBN 978-7-5495-3413-5

Ⅰ．天…Ⅱ．①马…②蒋… Ⅲ．社会科学—文集 Ⅳ．C53

中国版本图书馆CIP数据核字（2013）第019704号

广西师范大学出版社出版发行
（广西桂林市中华路22号　邮政编码：541001
网址：http://www.bbtpress.com）
出版人：何林夏
全国新华书店经销
桂林日报印刷厂印刷
（广西桂林市八桂路2号　邮政编码：541001）
开本：787 mm × 1 092 mm　1/16
印张：11.5　　　字数：200千字
2013年3月第1版　　　2013年3月第1次印刷
定价：36.00元

如发现印装质量问题，影响阅读，请与印刷厂联系调换。

出入中外
往来古今

邱振中先生题词

《天禄论丛》编辑委员会

主编

马小鹤　哈佛大学

蒋树勇　伊利诺伊大学厄巴那香槟校区

编委

徐　鸿　匹兹堡大学

李国庆　俄亥俄州立大学

邵东方　斯坦福大学

杨　涛　罗格斯大学

郑力人　康奈尔大学

Journal of Society for Chinese Studies Librarians
Board of Editors

Editors-in-Chief

Xiaohe Ma	Harvard University
Shuyong Jiang	University of Illinois at Urbana-Champaign

Members

Hong Xu	University of Pittsburgh
Guoqing Li	Ohio State University
Dongfang Shao	Stanford University
Tao Yang	Rutgers University
Liren Zheng	Cornell University

卷首语

马小鹤　蒋树勇

李国庆先生在2010年发表的《出入中外、往来古今——北美华人东亚图书馆中国学研究成果一瞥》中写道："在北美中国学研究界或曰汉学界，除了在大学从事教学研究的教员和在各种机构从事研究的人员之外，还有一个以往被忽视的特殊群体，即在各个图书馆，特别是在大学东亚图书馆工作的中国学研究馆员。"他在概述第一、二、三代东亚图书馆员之后，从东到西列举了美国东亚馆的中国研究馆员的学术成果。这篇卷首语自然不必重复李国庆先生已经介绍的情况，只是稍稍回顾一下该文发表以来馆员们的主要成果。

本卷刊登第二代华裔学者图书馆员、哈佛燕京图书馆前任馆长吴文津先生所撰、前任中国研究馆员胡嘉阳女士所译的介绍第一任馆长裘开明先生的文章，其含义不言自明。犹如2011年卷李国庆的大作《道德伟绩耀海外——袁同礼先生与俄亥俄州立大学东亚图书馆》，上一卷芝加哥大学钱孝文先生的特稿《钱存训教授百岁年表》和哥伦比亚大学王成志先生的大作《袁同礼先生和哥伦比亚大学》一样，都传达了这样的信息：有了前辈们的筚路蓝缕，方有今天北美中国研究图书馆员们的继往开来。

第三代当中，郑炯文、马泰来、潘铭燊、沈津四位先生都仍然活跃于图书馆界。哈佛燕京图书馆馆长郑炯文先生为该馆文献的整理出版做了大量组织工作，主持学术、文献、书目等三套丛刊的出版。最近出版的有学术丛刊第九种《裘开明年谱》，文献丛刊第五种《民国文献丛刊》、第六种《齐如山小说戏曲文献丛刊》，书目丛刊第十二种《宋代研究工具书刊指南》、第十四种《民国时期图书总目》等。

马泰来、潘铭燊、沈津三位都笔耕不辍，是《天禄论丛》的台柱子。普林斯顿东亚馆馆长马泰来先生上一卷发表了耶鲁大学东亚图书馆馆员李唐翻译的大作《明代地方教官》，这一卷又贡献一篇《罗香林教授和我的林纾翻译研究》，所谓“文史兼治”，确实名副其实。

现任美国国会图书馆亚洲部中文及蒙文组组长的潘铭燊先生，广东中山人，香港出生，香港中文大学文学士，柏克莱加州大学图书馆学硕士，芝加哥大学哲学博士，其后回柏克莱攻读资讯科学证书，再后来又在香港浸会大学获得教育文凭。曾任职于芝加哥大学远东图书馆为中文编目员，并先后在香港三所大学（香港中文大学、香港城市大学、香港教育学院）任教中国语言文学。于中国古典小说、陶渊明诗、中国版本目录学及修辞学等，有精深的研究。在芝加哥大学师从钱存训教授，博士论文研究 Books and Printing in Sung China (960—1279)。成书著作包括《红楼梦人物索引》、《中国古典小说论文目(1912—1980)》、《三言两拍提要》、《石头记年日考》、《广东地方志传记索引》、《断鸿篇》、《三随篇》、《温哥华书简》、《车喧斋随笔》、《加华心声录》、《魔鬼夜访潘铭燊先生》、《非花轩杂文》、《天地一书囚》、《为螃蟹翻案》、《热闹的寂寞》等共25部。最近与友人陶永强律师合作翻译唐宋元明清诗为英文，将有一系列译诗集面世。上一卷刊登了他的大作《一位在华美国人对辛亥革命的看法——谈福开森的几封家书》，这一卷刊出其《〈郑和航海图〉和三部15世纪下西洋游记的对读》。

哈佛燕京图书馆善本部主任沈津先生1999年在上海辞书出版社出版一卷本《美国哈佛大学哈佛燕京图书馆中文善本书志》，为明代及明代以前的善本写了书志。他十年寒窗，与国内学者合作，撰写了清代善本书志，与修订后的一卷本书志合编，于2011年在广西师大出版社出版了6卷本的书志，为燕京书目丛刊第十五种。近年来撰写的《书城风弦录——沈津学术笔记》、《老蠹鱼读书随笔》、《书丛老蠹鱼》、《书林物语》等书都脍炙人口。退休后的沈津仍然为上一卷贡献了《说版本鉴定及其他》，这一卷又刊出《说古书的牌记》。这些文章都是经验之谈，只有遍读善本古籍者才能写得出来。

第四代，如果随着李国庆的叙述顺序，美国东部从哈佛开始，中文馆员马小鹤继续发表一些研究摩尼教的论文，是上一卷与本卷的共同主编。普林斯顿大学东亚图书馆中国研究馆员何义壮（Martin J. Heijdra）先生曾在普林斯顿大学从事明代社会经济学研究，获博士学位，始终坚持进行明史研究。布朗大学东亚馆馆长王立先生在2011年卷撰有《〈道藏〉源流、版本及检索工具书》。哥伦比亚大学新任馆长程健先生原来是加州圣地亚哥分校国际关系和太平洋研究图书馆馆长，以研究中国电影而享誉海内外。中文研究馆员王成志在2011年卷撰有《哥伦比亚大学图书馆张学良私人图书经眼记》。新泽西州罗格斯大学东亚图书馆员杨涛主编了《落地生根——新泽西华人参政实录（1991—2010）》，后记发表于上一卷。

再往南，华盛顿的国会图书馆新任亚洲部主任邵东方先生原来是斯坦福大学东亚图书馆馆长，成果累累，近年来出版了《崔述学术考论》、《竹书纪年研究论稿》，编辑了余英时先生的《史学研究经验谈》，他是《天禄论丛》最初两期的共同主编。1939—1947年，王重民先生在国会图书馆鉴定中文古籍，编撰了《美国国会图书馆藏中国善本书录》，经袁同礼先生整理后出版。2005年范邦瑾先生应邀参加国会图书馆善本整理项目，继王重民之后，编撰了《美国国会图书馆藏中文善本书续录》。范先生有家学渊源，协校过范祥雍先生的《战国策笺证》。他为《天禄论丛》2011年卷撰写了《美国国会图书馆藏宋版佛经综考》，2012年卷撰写了《古籍辨伪——美国国会图书馆藏书所见》，这一卷撰有《明永乐内府本〈诸佛世尊如来菩萨尊者名称歌曲〉的背景及刻印》，均显示出研究善本古籍的功力。北卡洛莱纳州杜克大学图书馆中国研究馆员周珞女士为本卷撰写了《甘博照片数据库制作小记》，介绍该馆收藏的这批照片。

美中地区匹兹堡大学东亚馆馆长徐鸿女士是2011年卷和上一卷的共同主编，并撰有《美国模式对中国现代图书馆学教育的影响——以文华图专为例》。该馆中国研究馆员张海惠女士主编的《北美中国学——研究概述与文献资源》于2010年出版，此书由欧美各大学老师和图书馆员联合编写，出版后好评如潮。张海惠访谈了美国知名华裔学者，撰成《中美大学教育体验与比较》，于2011年出版。这一卷她撰写了一篇《村志中的稀见史料——随笔三则》。俄亥俄州立大学教授、图书馆中/韩文部主任李国庆是《亲历中国》丛书的两个主编之一，翻译了《文明的交锋》（*The War of the Civilizations*）等书；他主编的《"中国研究"外文旧籍汇刊・中国记录》第三辑10册已于2011年出版。他是《天禄论丛》最初3期的共同主编。密歇根大学亚洲图书馆馆长杨继东先生和陈引驰译的梅维恒的《唐代变文》在香港出版后，2011年在大陆出版。杨继东担任新创刊的《国际汉学研究通讯》编辑委员，发表有《网络时代海外中国学研究文献的检索》等文。他在《天禄论丛》2011年卷发表《传教士与十九世纪美国的汉学及中文图书收藏——从宾夕法尼亚大学的麦嘉缔图书馆谈起》。芝加哥大学东亚馆馆长周原先生在上一卷发表《郭嵩焘与芝加哥大学所藏稿本〈沅湘耆旧诗集续编〉》。伊利诺伊大学香槟校区东亚图书馆馆长魏陈同丽女士编撰有《中国妇女研究书志》(*Women in China : a Selected and Annotated Bibliography*)、《中国图书馆和信息科学书志》(*Library and Information Science in China : an Annotated Bibliography*)，参与编撰《架起中美文化的桥梁:华人图书馆员协会回眸三十年，1973—2003》。该馆中国研究馆员蒋树勇女士是本卷的共同主编。

美国西部西雅图的华盛顿大学，东亚图书馆馆长沈志佳女士主编过《架起中美文化的桥梁》，近年来编辑了刘再复作品。柏克莱加州大学东亚图书馆馆长周欣平先生近年担任了《傅兰雅档案》(柏克莱加州大学所藏)的副主编，又担任了14卷本《清末时新小说集》的主编。后者是傅兰雅所举办的"新小说"竞赛后所收集的参赛作品集，被认为是现代销售的源头和前奏。他还主编了《东学西渐:北美东亚图书馆1868—2008》(*Collecting Asia : East Asian Libraries in North America*, 1868—2008)，对北美东亚图书馆的历史作了系统的新介绍。周先生以国际咨询专家的身份主持了"数字敦煌:石窟壁画及敦煌研究数字资源保障体系"的功能需求及设计开发的论证工作，将其报告压缩为《"数字敦煌":来自莫高窟的报告》，刊登于本卷。该馆中国研究馆员何剑叶女士在上一卷发表了《朝鲜古典小说〈谢氏南征记〉作者与创作主题研究》。同馆的信息与公共服务部主任、电子资源图书馆员薛燕女士在本卷发表对《明清历史的地理资料》(*Geographical Sources of Ming－Qing History*)一书的书评。

洛杉矶加州大学东亚图书馆新任馆长陈肃女士原来是明尼苏达大学东亚图书馆员，她编撰了《美国明尼苏达大学图书馆藏基督教男青年会档案:中国年度报告(1896—1949)》，书中附有她所撰写的《基督教男青年会来华国际干事小传(1895—1950)》。该馆的中文部主任程洪先生近年来主编了《当代海外中国研究》，这一卷发表《中国近代社会变革与北美华人华侨社区的历史考察——〈圣路易斯·奥比斯波黄安家族档案〉研究》，图文并茂地介绍了该馆新入藏的这批档案资料。亚利桑那州立大学图书馆中国研究部学科馆员刘倩女士，获南开大学中文系硕士学位，仍继续对中国文学的研究，在2011年卷发表了《司空图〈二十四诗品〉创作背景及其诗歌理论探讨》，这一卷发表《在政治舞台上哀伤的艺术：小议陆机〈愍怀太子诔〉》。

以上也从东到西地罗列了美国东亚图书馆中国研究馆员2010年以来的主要研究成果，需要补充的是，加拿大同仁也积极参与了中国研究。东部魁北克省蒙特利尔市麦吉尔大学图书馆东亚研究馆员郑美卿女士获俄亥俄州立大学东亚语言文学硕士学位，在2012年卷发表《麦吉尔大学图书馆藏〈闽粤南澳镇标左营额设军装炮械等项图册〉》。多伦多大学郑裕彤东亚图书馆中国研究馆员乔晓勤先生，获广州中山大学人类学博士，中山大学历史系硕士、学士学位，著有《民族考古学初论》、《加拿大多伦多大学东亚图书馆藏中文古籍善本提要》等书，在2011年卷发表了《多伦多大学慕氏藏书钩沉》，上一卷发表了《中国早期雕版印刷考古证据的再梳理》。西部温哥华不列颠哥伦比亚大学中文研究馆员刘静女士在这一卷发表《不列颠哥伦比亚大学的中文特藏》。

以上只是就笔者所知，简略概述两三年来北美中国研究馆员的成果，对于李国庆大作没有介绍的馆员也稍予以介绍，疏漏之处，在所难免。仅仅从这一概述中就可以看出，自李国庆、邵东方二先生创办《天禄论丛》以来，在北美同仁当中，中国研究之风日盛。中国研究馆员大多本来以文史研究为专业，或者对文史研究培养了浓厚的兴趣，这种文史研究于馆员的本职工作甚有助益。他们或者借助自己的文史功底，整理出版中国研究的中外文资料、书志、书目，介绍自己所在馆的特藏，或者利用在图书馆工作的有利条件，继续深入自己的文史研究。这种坚持不懈的文史研究又反过来使他们更理解师生们的需要，加强了他们作为采购和咨询馆员的工作能力，提高了馆藏品质与服务质量，获得了读者更大的欢迎。在这方面，《天禄论丛》确实发挥了很大作用，凝聚了几代中国研究馆员的共识，呈现他们的成果，发扬前辈优秀传统，奖掖青年见贤思齐，倡导潜心学术研究。

目　录

论文

学术随笔与书评

CONTENTS

Academic Essays and Book Reviews

中国近代社会变革与北美华人华侨社区的历史考察

——《圣路易斯·奥比斯波黄安家族档案》研究[①]

◎程 洪[②]

摘要：

本文通过对《圣路易斯·奥比斯波黄安家族档案》的初步研究，展示19世纪末20世纪初(尤其是修筑太平洋铁路时期)北美华人华侨社区的真实状况，及其与近代北美主流社会、中国本土社会的历史转承关系。文章着重介绍了黄安这一中国近代早期移民北美的具有代表性的华人华侨，剖析了当时北美华人华侨社区的少数族裔亚社会性质。文章通过发生在黄安家族内部的一起刑事凶杀案，探讨了中国传统文化在北美主流社会的文化冲突。文章进而分析了近代北美华人华侨与中国近代本土社会的联系，具体展示了北美华人华侨对中国近代社会的变革的支持和投入。文章最后认为历史将永远记住这些为社会发展、社会进步作出重大贡献的平凡的人们，包括以黄安为代表的老一代华人华侨和修筑太平洋铁路的华工们。

关键词：

北美华人华侨；太平洋铁路；亚社会；文化冲突；辛亥革命

---

① 本文使用了加利福尼亚大学洛杉矶校区(UCLA)图书馆2011年收藏的《圣路易斯·奥比斯波黄安家族档案》，并与李慧、杨英蕾等共同采集和整理了本资料，实施了数字化，写作中还参考和引用了杨英蕾撰写的《加州圣路易斯·奥比斯波第一华人家庭黄安一家》一文的2012年未刊稿。在此谨向UCLA图书馆、本档案捐赠者黄安家族后裔及捐赠代理人Lynne Landwehr、法律代理人Janet O'Neil，以及李慧和杨英蕾表示由衷的感谢。

② 程洪，美国洛杉矶加利福尼亚大学东亚图书馆中文部主任(Chinese Studies Librarian, Richard C. Rudolph East Asian Library, UCLA)。

Historical Observation on Chinese Communities in North America Amid the Social Changes in Modern China: A Study on *the Ah Louis Family Archives*, *San Luis Obispo*, *California*

◎ Hong Cheng

Abstract:

Through an initial study on *the Ah Louis Family Archives*, *San Luis Obispo*, *California*, this paper is to unveil the real social condition of the Chinese - American community from the late nineteenth century to the early twentieth century, especially during the construction of the Pacific Railroad, and its historical interactive relations with the mainstream North American society and homeland Chinese society. The article introduces Ah Louis and his family, as a model of early Chinese immigrants to North America, and discovers the characteristic of Chinese - American community as a minority sub - society at the period. Citing a criminal homicide case occurred inside the Louis family, the paper explores the conflicts of traditional Chinese culture in the mainstream North American society. The paper further analyzes the connection of Chinese - American community with the homeland modern Chinese society, and specifically shows the support and commitment of the Chinese - American community to the Chinese democratic revolution. The paper concludes that history will forever remember these ordinary people who made significant contributions to social development and social progress, including Ah Louis and his generation of the Chinese - American pioneers, as well as the Chinese laborers of the Pacific Railroad.

Keywords:

Chinese - Americans; The Pacific Railroad; Sub - Society; Cultural Conflicts; The 1911 Chinese Revolution

北美的华人华侨社区在中国近代史上占有重要的历史地位，尤其在推动中国近代社会变革方面起到过重大作用。同时，北美华人华侨社区又是中国近代社会在海外的缩影，本身反映出近代社会变革所引起的动荡和痛苦。华人华侨社区的演化很大程度上是中国近代社会变革的一个缩影。

加利福尼亚大学洛杉矶校区近年来采集和发掘到的《圣路易斯·奥比斯波黄安家族档案》(*Ah Louis Family Archives*, *San Luis Obispo*, *California*)是不可多得的珍贵的第一手历史研究资料，比较全面地、多角度地展示了20世纪初期北美华人华侨社区的真实状况，及其与近代北美主流社会、中国本土社会的历史转承关系。

一、近代北美华人华侨社区形成了相对独立的少数族裔亚社会，是中国近代社会的缩影

黄安(1840—1936，图01)是中国近代早期移民北美的具有代表性的华人华侨。1840年2月20日，黄安出生于广东台山独岗乡龙安村，为黄氏第138世孙。黄安19世纪后期随着近代华人到北美的淘金潮而来到旧金山湾区。他曾经在俄勒冈州(Oregon)和加州(California)挖矿，做过劳工、杂工，在农场和车站当过厨师，最后从旧金山湾区南下加州沿岸中部的重镇圣路易斯·奥比斯波(San Luis Obispo)，成为当地的第一家华人。1870年时黄安在圣路易斯·奥比斯波安了家。如同当时大多数华人一样，他被当时的美国雇主和官员认为中文的名字不好叫，以地名为姓被改为英文姓氏路易斯(Luis)，后黄安自己把英文拼写改为Louis。

图01

19世纪后期，正值当时的中

央太平洋铁路(Central Pacific Railroad)建成，铁路建设接着向太平洋沿岸延伸，开筑太平洋沿岸铁路(Pacific Coast Railway)。在中央太平洋铁路的建筑中，来自中国的华工作出了不可磨灭的贡献，因此开筑太平洋沿岸铁路也不可缺少华工。在这样的背景下，黄安参与了介绍和招募广东等地的华工来加州修筑太平洋铁路的活动。1871年，黄安受雇于领队约翰·哈福德(Captain John Harford)，在哈福德港(Port Harford，现属圣路易斯港)工作。他的工作能力和效率很快受到了雇主的赏识，1873年被提拔为包工头(labor contractor)，负责为当时在建的从哈福德港至罗斯奥立弗斯(Los Olivos)的太平洋沿岸铁路招募中国劳工。黄安一开始就成功地从旧金山招募了160名中国人，成了约翰·哈福德的得力助手。后来，约翰·哈福德还将他介绍给其他的白人雇主，包工头日益生意兴隆。1877年，黄安参与了两项重要的公路建设：一是从加州帕索(Paso)至坎布里亚(Cambria)的公路(现46号州公路)；一是从圣路易斯·奥比斯波至帕索·罗伯尔斯(Paso Robles)的公路(现美国101国道的一部分)。1884年，黄安又参与了南太平洋铁路(Southern Pacific Railroad)的招工。仅奎斯塔·葛瑞德(Guesta Grade)隧道的项目，就招募了约2000名华工，耗时十年方竣工。由于大量华工的到来与定居，圣路易斯·奥比斯波的华人华侨不断增加。1872年，便出现了唐人街。黄安也逐渐成为当地的知名人物，并敏锐地觉察并捕捉到加州华人聚集和经济发展所带来的商机，不断涉足不同的行业。1872年，黄安利用当地的黏土资源创建砖厂，用以供应本地的房屋建设。随着黏土资源的枯竭，1910年前后他变卖掉砖厂，投资其他行业。1874年，黄安开办了黄安记商店。1900年前后，黄安开垦并经营了八个菜园；1910年后又把菜园改造成种子园，在其后华工的垦荒中发挥了重要的作用。

值得重点提到的是黄安在圣路易斯·奥比斯波的唐人街上开设的主要经营华人华侨所需要的中国日用商品的小商店。商店的中文名字称作“黄安记”(原匾额见图02)，英文名字则简单地称为“黄安商店”(The Ah Louis Store，见图03)。1886年，黄安把原先木质结构建筑的黄安记商店改建成为砖瓦结构的建筑。重建后，当地报纸对这家老字号杂货铺有这样的描写：“黄安砖砌的新店铺是本城一景，可以看到屋主是个积极进取的商人。”“此建筑高二层。面对棕榈街(Palm Street)的正面粉刷一新，二楼有围着铁栏的阳台。底楼的正厅是商

图 02

图 03

店铺面，放有货架、药橱、柜台等，厅旁一个大间是仓库，另有一间办公室，厅后的走廊有楼梯通往二楼。二楼有六间卧室。”商店中出售和库存的商品“包括大米、花生油、蔗糖、咸蛋、海参、腊鸭、咸鱼、鲍鱼干、牡蛎干、鱼罐头、凉粉等”。铺面靠墙的一边还有72个抽屉，装有各种各样的中草药。

黄安记商店的原貌一直保存到今天，尽管店主早已更换，商店内出售的商品早已不是当年华工所需要的原产中国的食品和日用品，而是完全西方化的小礼品和纪念品之类了(图04)。黄安记商店的二楼原先由黄安家族居住，现在也仍由黄安的后裔所拥有，内部尽量保持着当年的原貌，悬挂着黄安和家人的照片。

图 04

黄安记商店的经营直接与修筑南太平洋铁路的华工有关。黄安的小儿子霍华德·黄(Howard Louis)就引用了黄安记商店的账目分析说：“1887年至1897年间，黄安记每年进口的中国大米数量平均在5000磅左右。1899年这一数字剧增到12000磅。数字的增长证明了圣路易斯·奥比斯波地区在此期间雇用了大量的华工。”华工在南太平洋铁路的修筑中作出了巨大贡献，不仅忍受了比白人更低的工资和更长的工作时间，疾病和死亡亦与他们形影相随。由于当时加州乃至全美国境内普遍的排华情绪，他们的工作当时是不为主流社会所认可的。铁路公司为了掩盖偷偷雇用华工的事实，使作出了巨大贡献的华工无人受邀出席铁路的竣工仪式。《黄安家族档案》的存在无疑有助于把这一段历史事实披露出来，黄安的后代们也积极为当年的中国劳工正名并争取权益。

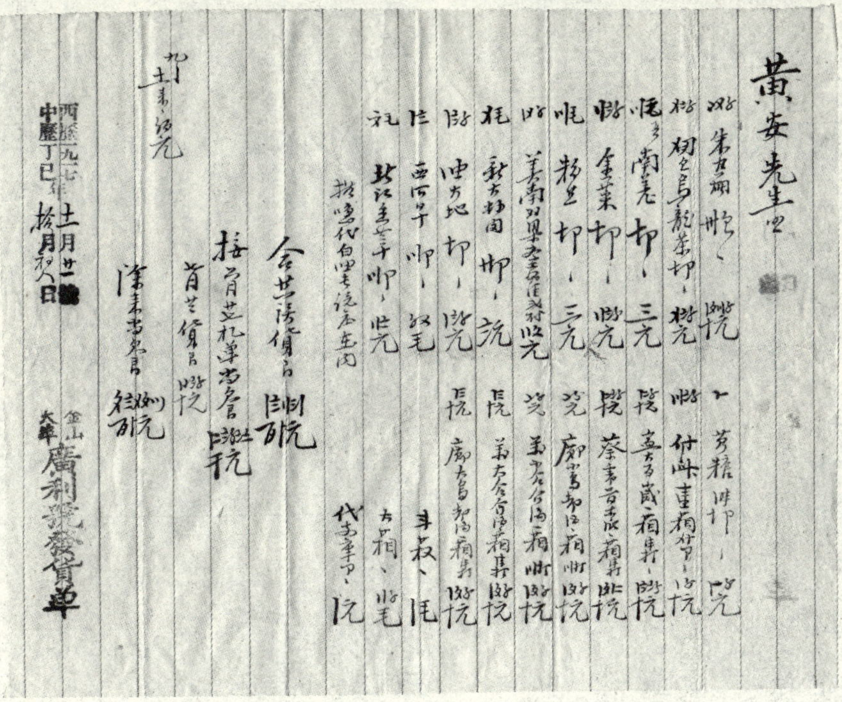
黄安先生

西歷一九一七年
中歷丁巳

金山大埠
廣利號發貨單

图 05

黄安记商店在圣路易斯·奥比斯波的唐人街无疑是个中心，除了经营日用的食品和小商品（商贸实物票据见图 05）之外，还具有下列多重的社会功能。

1. 医药诊疗所。黄安经营中草药，还亲自为修筑太平洋铁路的华工把脉抓药。

2. 职业介绍所。黄安参与招募华工，在雇主和雇工双方之间起着中介作用。当时需要寻找工作的华人华侨，会直接到黄安记商店寻求帮助。

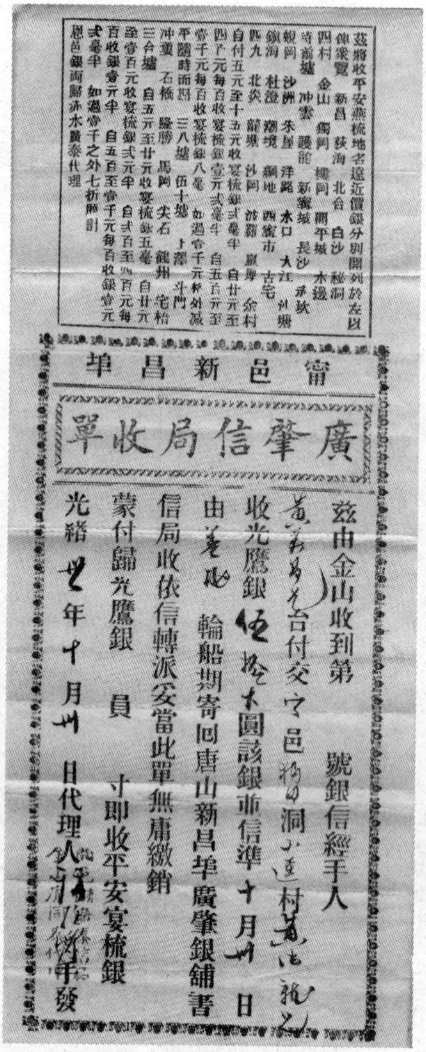

茲將收平安燕梳地名遠近價銀分別開列於左以
俾衆覽 新昌 荻海 北台 白沙 秘洞
四村 金山 獨岡 欖岡 開平城 水邊
寺前墟 冲雲 護龍 新寧城 長沙 赤坎
蜆岡 沙洲 朱屋 洋路 水口 大江 斗塘
鎮海 杜澄 翔境 網地 西寧市 古宅
四九 北炎 龍塘 沙岡 波羅 扁埠 佘村
自付五元至十五元收宴梳銀弍毫半 自廿元至
四千元每百收宴梳銀壹元弍毫半 自五百元至
壹千元每百收宴梳銀八毫 如過壹千元外減
平關時而問 三八墟 伍十墟 上澤 斗門
冲蔞 石橋 隆勝 馬岡 尖石 簡州 宅梧
三合墟 自五元至廿元收宴梳銀五毫 自廿元
至壹百元收宴梳銀弍元半 自弍百至四百元每
百收銀壹元半 自五百至壹千元每百收銀壹元
弍毫半 如過壹千之外七折辦計
恩邑銀兩歸赤水黃泰代理

甯邑新昌埠

廣肇信局收單

茲由金山收到第　號銀信經手人
黃……付交　邑……洞……村……
收光鷹銀伍拾大圓該銀準十月卅日
由……輪船期寄回唐山新昌埠廣肇銀舖書
信局收依信轉派妥當此單無庸繳銷
蒙付歸光鷹銀　員　寸即收平安宴梳銀
光緒廿年十月卅日代理人……手發

图 06

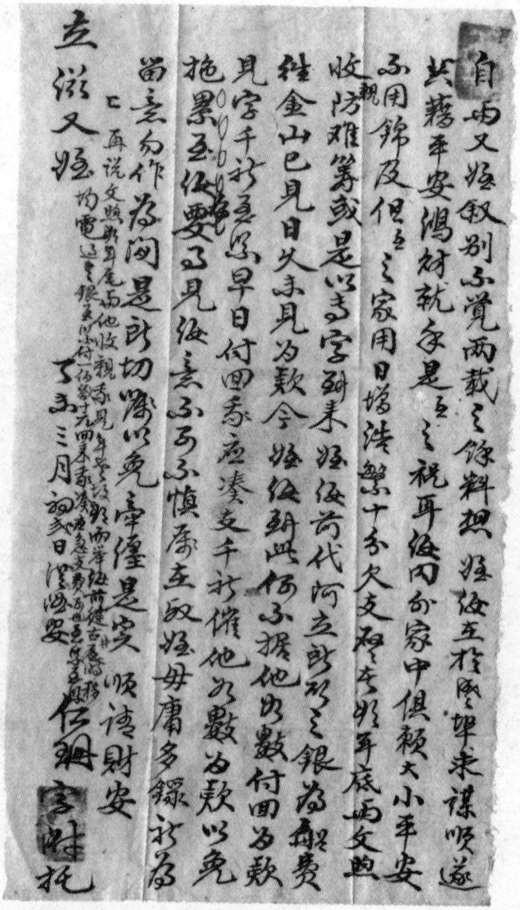

自兩叉姪叙别不覺兩載之餘料想姪途在外堅埠来谋顺遂
共籌平安鴻材就手是至之祝耳姪內分家中俱頼大小平安
不用錦及但至之家用日增浩繁十分欠支祈于明年底而交與
親收防难筹或是以專字到来姪途前代河立兩利之銀為難费
往金山已見日久未見为款今姪途到此何不擬他少數付回为款
見字千祈至緊早日付回系应凑支千祈備他少數为款以免
拖累至須要即見姪意不可不慎啟左叔姪母庸多録於为
留意为作為問是所切囑以免牵廑是实 顺请财安
立滋叉姪
三月
信租 字托

图 07

3. 国际邮政局。修筑太平洋铁路的华工因为工作关系，居无定所，黄安记商店就成了与中国国内亲友通信联络的地址。黄安记商店为华工寄送、收发大量的国际函件，甚至汇款业务（汇兑实物例证见图 06）。在黄安的小儿子霍华德通过琳·兰德维尔（Lynne Landwehr）女士所捐赠的资料中，我们发现许多收信人并非黄安的信件，估计是因为黄安记商店这个“邮政局”无法投递而积压下来的（信函实物例证见图 07）。

4. 银行信贷所。黄安记商店协助华工进行借款还贷等业务(实物票据见图 08)。据霍华德·黄的回忆,“任何中国人,只要来到了圣路易斯·奥比斯波,都想要认识黄安。如果他们需要食物,或者需要帮忙,父亲都会热情帮助”。由于黄安的资金比较充裕,他常常借钱给当地的华人和白人,却又很少立字据,所有的账目都一清二楚地记在他的脑子里。

5. 仲裁调解处。尽管近代美国社会已进入法制社会,司法系统相对已比较完备,但当时的华人华侨社区仍相当程度上游离于主流社会之外,很多商业或民事纠纷,甚至部分准刑事纠纷,仍通过有威望人士的仲裁和调解来解决。从我们收到的捐赠资料来看,黄安备受当地人的尊敬和尊重,因而充当了仲裁人和调停人的角色,黄安记商店也就成了非正式的仲裁调解处。

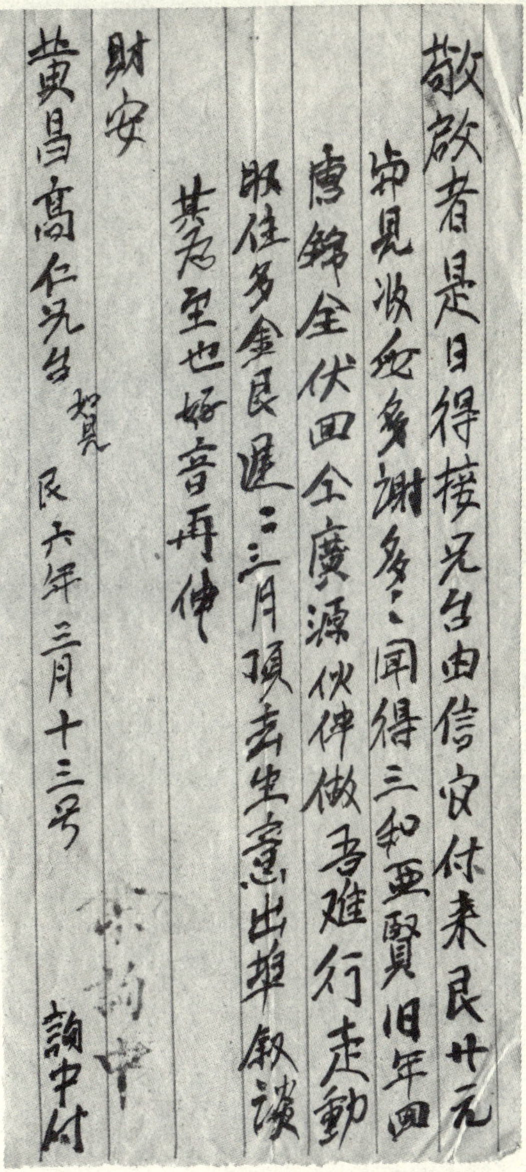
敬啟者是日得接兄台由信安付來艮廿元
內見收妥多謝多多聞得三和西貿旧年四
唐錦全伏回仝廣源伙伴做手難行走動
收住多金艮遲二三月頂去生意出埠叙談
其志至也好音再伸
財安
黄昌高仁兄台 如見
民六年三月十三号
諭中付

图 08

6. 社区活动中心。黄安记商店在华人华侨的日常生活中的方方面面都扮演了重要角色,自身也成为华人华侨的社区活动中心。每年春节圣路易斯·奥比斯波唐人街的庆祝游行,黄安记商店必定是其中的一站。

图 09

由于黄安记商店在圣路易斯·奥比斯波唐人街的历史地位，它在1965年被授予第802号加州历史地标的称号(图09)。在历史地标的标牌上写着：

> 黄安记商店旧址
>
> 1874年，黄安记商店建立于此。
>
> 本县的售价中国商店，主营百货和中药，兼营银行、会计和邮局业务。1884至1894年间，该店为在奎斯塔山区兴建南太平洋铁路八个隧道的无数中国苦力提供了服务。
>
> 第802号加州注册历史地标

黄安记商店在圣路易斯·奥比斯波的地位和作用充分证明了近代北美的华侨华人社会形成了相对独立的少数族裔亚社会(Sub - Society)，这个亚社会的各个方面，从人际关系到经济运营，都是中国近代本土社会的缩影。

二、近代北美华人华侨社区与北美主流社会的融合是长期而痛苦的过程

然而，北美华人华侨社区相对独立的少数族裔亚社会并不能真正隔绝于主流社会，源于中国本土社会的以儒学体系为主体的中国传统文化也不可避免地与北美主流社会的以基督教文明为基石的欧美文化发生冲突。发生在黄安家族的一起凶杀案的背景也反映了这样一种文化冲突。

图 10

1909 年 9 月 30 日(星期四)早上 6 点 40 分左右，黄安的妻子黄健瑛(Gon Ying Louis，音译)在睡梦中被枪击身亡。子弹从她的太阳穴射入，穿过头颅，再紧紧地嵌入枕头内。当天清晨，黄安 5 点半起床，6 点离开黄安记商店，赶乘太平洋沿岸铁路的火车去亚罗约·葛瑞德(Arroyo Grande)办事。那时他的妻

子黄健瑛仍安然无恙，目送丈夫下楼。黄健瑛（图10）来自旧金山的一个华人家庭，受过少量教育，1889年嫁给黄安。但是，当时圣路易斯·奥比斯波的居民几乎没人见到过黄健瑛。她居住在黄安记商店的二楼，19年中仅下过两次楼，一次是去看望一家美国朋友，另一次是去看牙医。她的位于黄安记商店二楼的卧室，只有八个子女和至亲才可以出入。黄健瑛被枪杀时仍在床上，年仅三岁的弗雷德（Fred）和十五个月大的霍华德两个幼子也睡在一旁。十七岁的大女儿莉娜（Lena）则睡在旁边的另一个房间里。

黄安很快从亚罗约·葛瑞德搭火车返回圣路易斯·奥比斯波。10点45分，黄安踏进家门，面对已守候多时的警官和记者。黄安当时认为不会是中国人杀了他的妻子，因为他们夫妇二人从未与人结怨。他说他无法判断凶犯的动机，也从未告诉除了店内几个亲友外的任何人他会在那天早上去亚罗约·葛瑞德。他说从来没有任何外人到过黄安记商店的二楼，唯一的可能是凶犯向其他熟人打听到消息。凶案时被盗走的是他妻子收藏的珠宝，是亲戚朋友们历年来赠送的。他回忆起清晨离家时并未看到有人在附近溜达、张望。他认为妻子与人友善，家庭成员和睦相处，无法想象为何有人下毒手。

此凶杀案成为当时旧金山湾区轰动一时的大血案。刑侦的警官一致断定，凶犯的犯罪动机是为了劫财。从犯罪的手法和残忍程度来看，凶犯不是新手，并且很可能不是中国人。黄安三岁的幼子弗雷德很可能看见了凶犯，但因年纪太小无法提供线索。当时在店内的前妻生的儿子威利（Willie）、长女莉娜、次女梅（Mae）、长子扬（Young）和店外的行人等均无法提供有效的线索，侦查一时陷入了僵局。

当时美国的华人华侨依旧保存着落叶归根的习俗。1909年10月5日，黄安带领家人将黄健瑛的遗体运往旧金山，准备船运回乡。他们启程前往旧金山不久，负责刑侦这一凶杀案的警长在黄安记商店旁的菜园里发现了被盗的财物，而这个菜园是由威利这个黄安与前妻所生的孩子经管。警方随即在旧金山的酒店里逮捕了威利。随后行凶的枪支在菜园里的盥洗室下方的淤泥中被挖出。

41岁的凶犯威利·黄是黄安年轻时在家乡与第一位妻子所生的儿子。1905年，威利离开自己的妻子和七个孩子，到美国帮助黄安照看黄安记商店的生意。凶杀案发生后,他在讯问中的紧张表现已令警官生疑。在证据面前,威利承认是他杀害了黄健瑛,凶杀的动因是财产继承权。他供认继母黄健瑛认为他对经营商店毫无贡献,还要他为从店里拿的东西付钱。他说:“我也为弟妹们感到难过,但我会比他们的母亲更好地照顾他们,送他们去学校,没她会更好。”威利蓄谋已久,要除掉这个让他继承遗产的最大障碍。他所使用的枪支,存放在黄安记商店的办公室里有近十年,且只有一发子弹。1910 年 9 月 20 日,加州最高法院最终判定威利·黄有罪,两年后执行绞刑。

这一起凶杀案在《黄安家族档案》中只简单提及,且不提凶犯与黄安的血缘关系。威利·黄及其后人的姓名也从相关家谱中完全消失。《黄安家族档案》的委托捐赠人琳·兰德维尔为保证这段历史的完整性,专门收集和保存了有关这个凶杀案的相关报告和报道,作为《黄安家族档案》的附录资料,使我们有可能了解到历史真相。

这是一起刑事案件,但也反映了深刻的文化背景。中国以儒学体系为主体的传统文化的一个核心就是宗族制度,一个扎根于本土的以男性继承为主干的体系。黄安之所以在美创业多年,仍要在老家出生的儿子威利·黄过来经营家族产业,源于根深蒂固的宗族文化意识。而在这个过程中威利·黄与黄健瑛为财产继承权而发生的冲突,也反映了背后的文化冲突。虽然不能说黄健瑛就代表了北美新大陆的文化观念,但威利·黄却有着典型的中国传统文化观念。在他看来,最能照看同父异母弟妹们利益的不是他们的生身母亲,而是自己这个家族中的长兄。所以这不仅是个谋财害命的凶杀案,也有着深刻的文化背景。我们在《黄安家族档案》中看到的一些有关社区活动和纠纷调解的实例,也充分反映了中国传统文化的深刻影响。

三、近代北美华人华侨社区与中国近代社会保持相对紧密的联系

近代北美华人华侨与中国近代本土社会的联系,当然不仅仅在经济和文化纽带方面,也涉及政治和社会变革方面。中国近代社会的变革,尤其是以戊戌变法为代表的资本主义君主立宪运动和以辛亥革命为代表的资本主义民主革命运动,都与北美的华人华侨息息相关。圣路易斯·奥比斯波虽然地处加利福

尼亚州的中部海岸，距离中心城市相当远，但仍与中国本土社会保持有密切的联系。

负责代表黄安儿子霍华德·黄捐赠历史资料的琳·兰德维尔回忆，霍华德曾从父辈那儿听说过，20世纪初期圣路易斯·奥比斯波的唐人街保皇立宪派和共和革命派都有相当影响。在当时主街的两边，一边插着革命派的旗帜，另一边则挂着保皇党立宪派的旗帜。但就当地居民而言，倒也相安无事。

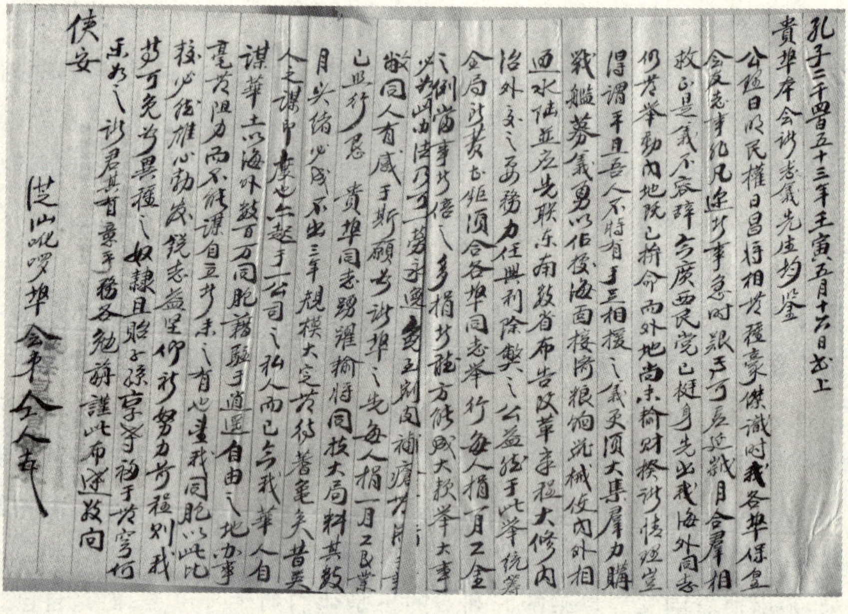

图 11

这一革命派、立宪派相安无事的奇特的历史现象可以从另一侧面来考察。加利福尼亚大学洛杉矶校区收藏的另一近代档案资料《谭良所藏康有为保皇会资料》中保存的351件档案资料说明，在一些场合立宪派和革命派甚至相为呼应。如北美保皇会则名直接呼应革命派的行动，为中国国内的行动募款，在文告中呼吁："公理日明，民权日昌，将相无种，豪杰识时。我各埠保皇会友志是非，凡迩者事急时艰，亏可应延岁月，合群相救，正是义不容辞。今广西民党已挺身先出，我海外同志仍无举动。内地既已拼命，而外地尚未输财，揆诸情理，岂得谓平？且吾人不特有手足相援之义，更须大集群力，购战舰，募义勇，以占据海面，接济粮饷筑械，使内外相通水陆。并应先联东南数省，布告改革章程，大修内治外交之要务，力任兴利除弊之公益。然于此举统筹全局所费甚巨，须合各埠同志举行。每人捐一月二金之例，当事者倍之，多捐者听（便），方能成大款，举大事。必为此办法乃可一劳永逸，免至割肉补疮，无济于事。敝同仁有感于斯，愿为诸埠之先，每人捐一月二艮，业已照行。恳贵埠同志踊跃输将，同核大局，料其数月，头绪必成。不出三年，规模大定，无待耆龟矣。昔英人之谋印度也，亦起于一公司之私人而已。今我华人自谋华土，以海外数百万同胞，籍驻于逍遥自由之地，办事毫无阻力，而不能谋自立者，未之有也。望我同胞以此比较，必然雄心勃发，锐志益坚。仰祈努力前程，则我等可免为异种之奴隶，且贻子孙享尊福于无穷，何乐如之。诸君其有意乎，务各勉旃。”（芝汕化啰保皇会同人致诸埠保皇会函[一九〇二年五月十六日]，《谭良所藏康有为保皇会资料》第538号，见图11）从这封信中，立宪派与革命派之间的准同盟关系清晰可见。募款多少，是否送达革命派姑且不论，至少表明在中国近代民主政治的方向上双方有共同点。由此可见，圣路易斯·奥比斯波唐人街的立宪派和革命派的相安无事并非没有可能。

黄安无疑是倾向于革命派的，并以此为荣。在《黄安家族档案》中保存有一张金山中华会馆代理广东国民军政府驻美筹借公债总局的收条（图12），全文如下：

收　条

金山中华会馆代理广东国民军政府驻美筹借公债总局

第二千三百八十六号收到甄培灿翁交来广东军政府筹借公债该通用银一十大圆。

俟粤省寄到公债票之日，凭此收条到本总局转换。认票不认人，切勿遗失。

经手总董　邝　[荡]

值日协董　麦超英

辛亥年十一月十一日发

如有遗失收条是为自误，与本总局无涉，公议不能再为补给，以杜托词藉口，诸君见谅。

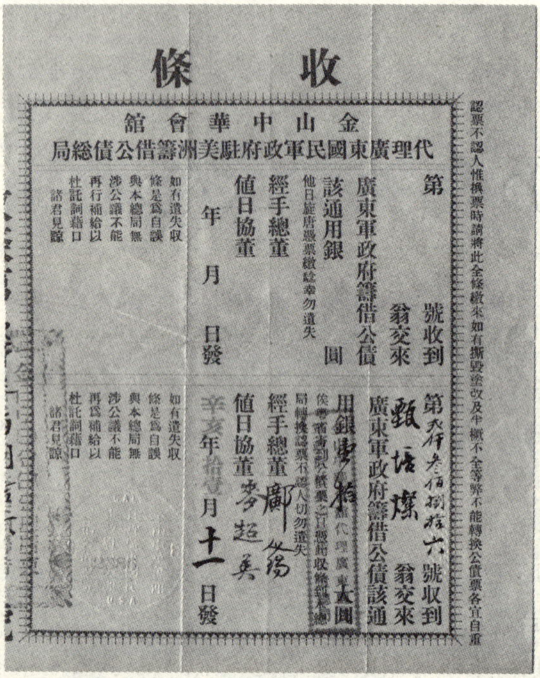
收條

金山中華會館

代理廣東國民軍政府駐美洲籌借公債總局

第　號收到

翁交來

廣東軍政府籌借公債

該通用銀　圓

他日憑此票繳換幸勿遺失

經手總董

值日協董

年　月　日發

如有遺失收條是爲自誤與本總局無涉公議不能再行補給以杜託詞藉口諸君見諒

第　號收到

翁交來

廣東軍政府籌借公債該通

用銀　大圓

經手總董

值日協董

辛亥年　月十一日發

如有遺失收條是爲自誤與本總局無涉公議不能再爲補給以杜託詞藉口諸君見諒

認票不認人惟换票時請將此全條繳來如有撕毀塗改及字樣不全等弊不能轉换公債票各宜自重

图12

虽说此公债收据涉及的金额数字不大，却是难得的反映北美华人华侨支持辛亥革命的实物资料，况且这份公债收据发生在辛亥革命刚发生之时，更显得可贵。黄安本人一直支持革命派的活动，并以此为荣。1895年时黄安在旧金山结识了一位叫黄伯友(Wong Bock You，音译)的年轻人，后来在黄安记商店里担任会计。后来，黄伯友响应孙中山的反清宣言，离开圣路易斯·奥比斯波加入同盟会。1911年辛亥革命推翻封建帝制后，黄伯友被任命为侨务专员。黄安常常自豪地跟他的孩子们说："是我先发现他的能力的，而且我们现在还是朋友。"

《黄安家族档案》为中国近代史研究和华人华侨史的研究，以及对美国开发西部和兴建太平洋铁路的历史研究，提供了重要的第一手资料。黄安的最小的儿子霍华德·黄(1908—2008，图13为百岁寿辰留影)花了毕生精力来收集和保存这部家族档案。这位百岁老人在2008年去世前，把家产分给子孙后代，却放心不下这部家族档案。最后他决定托付给琳·兰德维尔女士，并规定子孙后

图 13

代不得干涉琳·兰德维尔的捐赠安排。琳·兰德维尔曾从事图书和文字工作，虽然不懂中文，但充分意识到这份家族档案的重要性，并进而收集了相关的英文资料作为附录，为这部家族档案作出了极大的贡献。2011 年 4 月，琳·兰德维尔经过仔细的考察，打电话与笔者取得联系，表示愿意捐赠给 UCLA 图书馆。笔者与图书馆的同事专程从洛杉矶前往圣路易斯·奥比斯波接收这批资料，并会见了黄安家族的代表，参观了黄安记商店等旧址。2012 年，UCLA 图书馆将此档案资料数字化，准备把全部内容在数字图书馆中提供给广大历史研究工作者无偿使用，而档案原件将由特藏部门作保护性收藏。霍华德·黄的心愿最终实现了，琳·兰德维尔的任务圆满完成了。而更重要的是，以黄安为代表的老一代华人华侨的创业历程不会被磨灭，修筑太平洋铁路的华工用血汗筑成的功绩不会被埋没。历史将永远记住这些为社会发展、社会进步作出重大贡献的平凡的人们！

论高校图书馆档案文献的收集、整理及意义

——以哈佛燕京图书馆恒慕义与恒安石档案资源建设为例[①]

◎ 崔琼[②]

摘要：

一个图书馆的精髓在于其馆藏资源。虽然中国高校图书馆越来越注重发展特色资源，但在众多特色资源中，中国高校图书馆对于档案文献的建设还较为薄弱。实际上，中国高校图书馆所处的高校环境为图书馆发展档案资源提供了众多有利条件，这类资源建设非常值得业界关注与实践。本文以哈佛燕京图书馆对恒慕义与恒安石档案资源建设为案例，一方面介绍了该批档案文献寻访与整理的过程与要点，另一方面论述了该案例对中国高校图书馆发展特色资源的一些启示。

关键词：

档案文献；高校图书馆；馆藏建设；特色资源

---

① 本文获得第九届全国高等学校文献资源建设工作研讨会（2012年10月9—12日，成都）一等奖。

② 崔琼，武汉大学图书馆副研究馆员（Associate Research Librarian，Wuhan University Library）。

On Archival Documents' Collection, Sorting and Significance in University Libraries: with the Case of Arthur William Hummel, Sr. & Jr.'s Archives in Harvard - Yenching Library

◎ Qiong Cui

Abstract:

The collection is the essence of a library. University libraries of China lay more and more emphasis on the development of characteristic collection, but the university libraries of China are still weak in the construction of the archival documents among many characteristic resources. In fact, the environmental factors which the China university libraries own have provided a number of favorable conditions for them to develop archives resources, so the construction of such kind of resource is very worthy of librarian's concern and practice. This paper, with the case of construction of Arthur William Hummel, Sr. and Arthur William Hummel, Jr.'s archives in Harvard - Yenching Library, on the one hand, introduces the processes and points in seeking and sorting out the batch of archives, on the other hand, aims to explicate the enlightenment of the case on the development of characteristic resources in university libraries of China.

Keywords:

Archival Documents; University Libraries; Collection Development; Characteristic Resources

前言

一个图书馆的精髓在于其馆藏资源。哈佛燕京图书馆是西方高校中历史最悠久、规模最大的东亚图书馆，因其丰富且高质量的馆藏资源享誉世界。除为数众多的珍稀古籍与颇具特色的现代书刊资源外，重视对原始档案文献的收藏也是其一大馆藏特色。例如，其所收藏的澳洲著名摄影家海达·汉默·莫里森 1933—1946 年在北京居住期间所拍摄的数千张中国老照片、穆斯林和基督教传教士 20 世纪 20—30 年代在中国西部地区工作时收集的数千张照片与传单、岭南大学校董会 1884—1952 年间的工作档案、国民党元老胡汉民的私人档案与往来函电稿、民国外交家与历史学家蒋廷黻的私人档案与往来书信电报，以及收集于中国“文化大革命”期间的各类原始资料等等，都是具有极高收藏价值与研究价值的档案文献。

中国高校图书馆，在馆藏资源逐步趋同的今天，也越来越注重发展特色资源，业界专家也在积极探讨这一主题。但在众多特色资源中，中国高校图书馆对于档案文献的建设，无论在理论研究上，还是在实践中，都较为薄弱。实际上，中国高校图书馆所处的高校环境，大多历史悠久、底蕴深厚、人才辈出、校友众多，这些都是图书馆发展档案资源的有利条件，因此非常值得业界关注与实践。

2012年，笔者在哈佛燕京图书馆做访问馆员期间，有机会参与了该馆又一个专题档案资源建设项目，即对恒慕义与恒安石档案资源的收藏与整理。写作该案例，旨在一方面介绍该批档案文献寻访与整理的过程与要点，另一方面谈谈该案例对中国高校图书馆发展特色资源的一些启示。

1.文献“寻访”

华东师范大学哲学系顾红亮教授在哈佛燕京学社访问期间，常到哈佛燕京图书馆查阅资料，与图书馆负责中文馆藏建设的马小鹤先生相熟。顾教授临回国之际，告知马先生，他从有关渠道得知恒慕义（Arthur William Hummel, Sr.，1884—1975年）之子、恒安石（Arthur William Hummel, Jr.，1920—2001年）之弟沙尔曼·B. 赫默尔（Sharman B. Hummel）先生收藏有一批恒慕义与恒安石的档案，可以捐赠给感兴趣的图书馆，并与马先生商量，希望哈佛燕京图书馆能够收藏该资料，其也盼望日后有机会再来哈佛访问时基于该资料开展相关研究。马先生遂与哈佛燕京图书馆馆长郑炯文先生商量相关收藏事宜。由于恒慕义与恒安石是美国历史上的知名人物，且都与中国有着特殊渊源，他们生活与工作的诸多领域与对中国研究的相关领域密切关联，该档案资料非常符合东亚图书馆馆藏范畴，二位都认识到该批档案的收藏价值，遂欣然同意顾教授的推荐。后在顾教授的帮助下，马先生与赫默尔先生积极沟通受赠事宜并得到其首肯。2012年初，第一批档案捐赠至哈佛燕京图书馆，整理人员对该批档案文献进行整理后，将整理成果制作成汇报材料，送捐赠者赫默尔先生审阅。赫默尔先生除给出建议外，还肯定了哈佛燕京图书馆对其所捐资料的重视及细致态度。此时，恰逢机会，赫默尔先生又获得了其兄长恒安石的另一批内容更为丰富的档案资料，并愿意全部捐赠哈佛燕京图书馆，故 2012 年中期，第二批档案文献又得以入藏哈佛燕京图书馆。

2. 文献整理

哈佛燕京图书馆收到捐赠档案后，在整体上对该批文献的类型、内容、信息含量与收藏价值进行预估的基础上，将其作为一个独立项目纳入图书馆馆藏建设与组织工作。针对该档案文献的特性，采取了有别于普通文献而适合其自身特点的整理、标引、保存、管理与提供利用的方式，致力于最终达到使档案文献内容析出明了、检索途径丰富、收藏保管妥当、提供利用便利的目标。在对档案文献进行初步整理的基础上，图书馆再通过多种途径积极宣传该特色资源，为读者设立获取相关信息的多个通道，以期待专家学者获得信息，查阅文献，做进一步研究开发工作。

2.1 列为专题项目由专人负责整理

恒慕义与恒安石档案资料主要来源于主题人物私人及其亲属的收藏，资料内容以主题人物在学习、工作、社会活动中生成的第一手材料以及媒体的相关报道材料为主。这些在百余年间累计下来的家庭档案，除第一批捐赠中的部分资料，原收藏者有简略归类与说明外，大多数没有经过系统整理。总的说来，该批档案包含多种文献类型与载体类型、内容较繁杂、资料较零散、生成的时间间隔跨度大，因此也使得整理工作较烦琐、头绪较多。在这种情况下，将档案整理工作列为专题项目，且由专人负责整理，有助于整理者全面了解资料内容、熟悉背景信息、理清整理线索，从而有利于找到合适的归整方式。

2.2 了解档案文献生成的背景信息

着手整理前，整理者有必要通过浏览部分档案内容以及其他相关主题文献，以了解档案文献产生的背景信息，包括主题人物活动的社会领域、学科领域、地域范围、时代背景、时间线索，以及主题人物与档案资料中涉及的有关人物之间的相互关系等。这些信息对下一步的具体资料分类与标引工作有重要参考价值。该案例中的档案文献涉及两位主题人物：一位是恒慕义，其 1915 年来到中国传教，曾担任山西汾州（今汾阳）明义中学校长，后入北京教书，在此期间，对中国文化的多个领域有较深入的探究。1928年返回美国后，由于其对中国文化与文献的了解与熟悉，不久即被聘为美国国会图书馆东方部首任主任，在任职的27年间，对美国国会图书馆东亚馆藏建设，乃至整个北美东亚图书馆的发展作出了重要贡献。1957年，恒慕义创办中美文化协会，任首任主席，对美国东亚研究的开展也起到了积极推进作用。另一位是恒安石，即恒慕义之子，其1920年出生在中国山西，1923年随父母移居北京，1928年返回华盛顿。1940年，恒安石因故重访中国，二战中在中国有着传奇经历。1950年开始在美国国务院工作。1968年，首次担任美国大使出使缅甸。1971年回到华盛顿，担任美国国务卿基辛格的高级顾问。1975年担任美国驻埃塞俄比亚大使，卸任回国后出任负责东亚和太平洋事务的美国助理国务卿，后还曾担任美国驻巴基斯坦大使。1981年里根当选总统后，出任美国驻华大使，其任期内是中美外交的重要时期，任内两国达成了《八一七公报》。

2.3 设定合适的资料分类归档方式

案例中的档案包含众多资料类型，有照片、录像带、光盘、图书、期刊、小册子、剪报、地图、文件、信件、笔记、手稿、证件、证书、名片、贺卡等；文献内容也很广泛，涉及主题人物的生活经历、工作经历、学术研究、社交活动、家庭生活等各个方面，涉及中国文化、中国历史、图书馆学、文献学、西方东亚研究、美国外交等多个学科领域。此外，档案所含信息含量也较大，尤其是照片、信件与工作文档较多，例如，恒安石的外交生涯较长，曾任美国驻多国大使，仅与其工作相关的照片就有千余张。针对该档案的上述特征，整理过程中设定了以文献类型与载体类型为主，以文献内容与信息含量为辅的基本归档方式。具体来说，先按主题人物进行总区分，由于二位是父子关系，有些文献内容涉及双方，就选择较偏重的一方归类；然后，再以文献类型与载体类型为主要划分标准，即按照片类、视听资料类、图书类、剪报类、地图类、工作文档类、信件类、手稿笔记类以及其他一些类目进行分类归档；最后再按文献内容所涉及的领域、人物或时间线索作必要的下位细分归类。但在基本分类归档原则下，对某些具有特色意义的主题又适合集中处理的资料，例如与中国有关的某些主题资料、与台湾地区有关的某些主题资料，也采取了跨文献类型与载体类型的集中分类归档方式，以便读者集中查阅。

2.4 检查文献状态，预处理问题资料

人物档案文献的累积一般经历了较长岁月，时间跨度可能是该主题人物的一生，或是其主要工作或研究阶段的数十年。由于时间久远，一些档案中的部分资料可能出现老化、破旧等不易保存或不便利用的现象。因此，在对档案文献进行系统整理的初期，尤其是在确定分类归档方式后，对资料进行初分时，应仔细检查所有资料的现存状态，对有问题的资料作先行修护处理。整理人员在对案例中档案文献进行检查时就发现，有数十张照片因先前保管状态欠佳，出现了粘贴与破损现象。针对这种状况，整理人员挑出问题照片后，与哈佛大学文献修复中心取得联系，并按相关程序送交该中心。该中心专业人员通过专业方式对受损照片进行分离及修复后，再返还哈佛燕京图书馆。

2.5 选择有利于文献长久保存的装载材料

档案文献不同于自身就装订成册的书刊文献，对该类文献进行整理时，还有一个重要的事项，就是要选择合适的归档装载材料，将零散的资料归整保存。所选购的装载材料应既有利于文献的长期保存，又便于读者的取阅与利用。一般来说，应根据档案文献中各类型资料的介质、形状与大小，选择由免酸材质制作的合适质地、形状与大小的各类函套。目前国内外市场都有多种类型与规格的用于长久保存文献的免酸材料供应。整理人员在对所整理的档案文献作总体了解且按类型作初步分类后，应对各类资料数量进行统计，再通过相关成品目录选购合适的装载材料，以便下一步对文献进行装载、排序与标引。在该案例中，整理人员根据档案文献的实际状况，选购的专业装载材料包括多种规格的免酸信封、相片袋、相片盒、文件袋、文件夹，以及用于最后装入所有资料的免酸文件箱。在选择装载材料的过程中，由于受专业限制，当文献整理者对某些资料的保存要求与合适的装载材料不能确定时，可请教专业人员。例如，在本案例中，对为数众多的照片资料的装载材料的选购，整理人员就请教了哈佛大学修复中心的专业人员。

2.6 对文献进行简明标引与排序

标引是对文献信息进行整理加工的重要过程，是通过对文献内容进行分析，选用确切的关键描述语言，用以反映文献内容的过程。标引同样是诠释档案文献的关键过程。清晰明了的标引有助于揭示档案文献内容信息，促进其利用。对于包括了多资料类型与多层分类归档方式的档案文献，应对各类型与各层次资料逐一进行标引，并对同类资料按照一定标准，如时间、地点、人物、事件等进行排序。案例中的档案文献最终形成的标引体系是：大类标引——下位类标引——次下位类标引——最小类或最小单位资料标引；形成的序号体系是：某最小单位的资料位于第几号文件箱——第几号文件夹或第几号文件盒——第几个序列号。对档案文献进行标引，在有条件的情况下，应尽量析出各类或各单个资料的关键信息点，用词尽量简洁明了。例如，对于图书与小册子，标明题名、著者与出版信息等，对于文件，标明名称、单位与时间信息等，对于照片，标明人物、事件与地点等，以及对其他各类资料相应揭示其关键信息点。在标引中，对于原始信息缺乏又不易查证的资料，一般情况下，整理者也无需花费大量的时间与精力去求证，可将已知信息尽量析出，对其他不确定信息，待专家学者利用档案时，对感兴趣的内容再作深入研究。

2.7 为文献设定多途径检索方式

当档案文献整理完毕后，就需要为其设定一定的检索方式，为读者提供该文献信息的获取通道。图书馆收藏的档案文献不同于书刊，读者可能从有关渠道了解到相关出版信息，再通过相关检索途径有目的地查找。而对原始档案文献，图书馆一般通过非常规途径收集，并且大多数资料是非出版性的，这些文献虽然对学术研究有重要参考价值，但相关领域的研究人员并不一定了解它们已被某个文献收藏单位收集与整理，待提供利用，因此对该类馆藏的揭示就显得尤为重要。对案例中档案文献的揭示将包含多种方式，一是制作档案文献编目数据，将主题人物、专业领域、相关地域、时间范畴等关键信息标引为检索点，使读者在公共目录查询系统上通过相关信息点检索文献时，可命中该档案文献记录；二是在哈佛燕京图书馆的特色资源栏目下进行揭示；三是以该批档案文献为内容设计一个特色电子资源简库，一方面将档案文献标引内容放上去，另一方面将档案文献中部分捐赠者已做过数字化处理的信息放上去。此外，在今后条件允许、且捐赠方同意的情况下，计划将无版权冲突的其他资料也数字化放入该专题资源库，使文献的利用可不受时间与地域限制，从而发挥更大的价值。

2.8 妥善保存、管理与提供利用

档案文献保存及提供利用的方式，图书馆可根据自身馆藏特点与原则予以确定。一般来说，对于同一批档案文献，由于涉及同一主题，即使其包含多种类型与载体资料，从便于读者利用角度，最好集中存放。案例中的档案文献经整理后，共装入哈佛大学图书馆使用的规格统一的免酸档案文献箱 16 箱，并给每一箱分配一个文献条码号，作为一个最小单元，供读者提取与查阅。由于档案文献的特殊性，以及资料的零散易失性，该档案文献的使用状态设定为馆内使用。根据典藏原则，对于该批所占空间较大，非常规利用的档案文献，典藏到哈佛大学图书馆远程书库。当读者检索到该文献信息，有查阅需求时，即可在线提交请求指令。第二个工作日，远程书库的工作人员将按读者请求将相应资料送到哈佛燕京图书馆供读者使用。在文献整理初期，由于编目人员对档案文献中个别光盘资料已进行了编目，公共检索平台上已可查询，在整理过程中，就有读者检索到该信息，并提出利用需求。根据哈佛燕京图书馆的通用原则，即对已到馆文献，无论处于哪个加工阶段，都以满足读者需求为优先，整理人员随即将光盘资料提供读者利用，读者在利用完毕后再返还整理处。由此也可见，该批档案文献在哈佛燕京图书馆的入藏与揭示，已使其由原先家庭收藏的静态储存状态开始发挥学术参考价值。

3. 评价与启示

3.1 树立档案文献资源建设意识

高校图书馆被称为高校文献信息中心。文献信息种类诸多，为满足用户需求，除书刊等常规文献资源外，有学术参考价值的一切形式的文献都可以成为高校图书馆的馆藏对象。尤其在文献信息量急剧增长、文献信息获取途径无限扩张的时代，用户对文献信息存在的形式与获取方式不再注重，往往仅关注文献信息本身的内容、质量与价值，因此，图书馆特色馆藏发展也愈显重要。档案文献，作为一种特色文献类型，非常值得图书馆文献资源建设者们关注与实践。实际上，从某种意义上讲，档案文献的收藏，不仅凸显图书馆馆藏特色，也更易获得高校中高层次读者群的青睐。以人文社会科学研究对原始档案文献的需求为例，由于人文社会科学是文献依赖型学科，文献资料对其研究的重要性不言而喻。而原始档案文献，相对于已出版的二次文献，对人文社会科学研究有着更为重要的意义，这类文献使研究者直接获得研究对象的第一手信息，更易获得原创性的研究成果，因此也备受学者关注与喜爱。有些新发掘的档案文献，不仅能够为学者的相关研究提供重要参考信息，而且还可能推进某些研究达到更深入或更宽广的领域，以及可能开辟出全新的研究领域。

3.2 认识图书档案一体化发展趋势

在中国传统的概念中，档案文献与图书类文献应由不同的单位分工收藏：档案馆主要以提供纵向的原始信息为主，以保存备查为目的；图书馆主要以提供横向的再生信息为主，以传播知识，供人阅读学习为主。实际上，各文献管理机构的最终目的都是为社会提供文献信息服务，并没有本质上的不同。当今，文献利用者正处于一个信息爆炸的时代，用户的迫切希望是能够在这样繁杂的信息环境中快速便捷地获取自己所需要的信息，关注的是信息对自己是否有用，而不会深究它的来源究竟是图书还是档案。而且，用户所需要的信息，往往不能单纯地从档案或图书中获得，其需求的信息可能渗透在档案与图书文献之中。正是用户对信息需求的迫切性和多样性促进图书档案不断走向一体化进程。① 因此，高校图书馆发展档案文献馆藏，并非越俎代庖，而是适应了图书档案一体化发展趋势，可以实现二类文献在提供利用过程中的优势互补，更易发挥资源利用价值的最大化，为用户提供更全面、准确、有效的信息。在新形势下，高校图书馆完全可以改变传统的工作模式，以一切可能的方式发展特色资源，满足用户多元化文献需要。

3.3 挖掘档案文献资源寻访渠道

非出版的档案文献最初一般是由个人或团体留存与累积起来的，虽然获取档案文献可以有多种方式，但是通过收藏者的捐赠应是最主要的途径。在美国，档案文献在图书馆之所以有丰富的收藏，与美国的"捐赠文化"息息相关。例如，1939年罗斯福总统将其个人及任期内的文件捐赠给联邦政府，建立了第一个总统图书馆，正源于他"把过去的文件集中保存在这里为了将来人民更好的使用"的认知。他号召一个国家（民族）要相信三件事情：一是必须相信过去；二是必须相信未来；三是必须相信他的人民有从过去历史中获得判断、开创未

---

① 黄曼丽、陈鹏：《图书情报档案一体化融合的动力》，原载《法制与经济》，2011年第8期，第85—86页。

来的能力。美国各类图书馆也积极鼓励社会团体与个人捐赠有价值的档案文献。它们通过积极宣传,让人们认识到捐赠的意义是记录个人、团体、地域乃至国家的历史,让公众从捐赠中认识到自己是历史长河中的一朵浪花,找到历史归属感。图书馆可接受的捐赠资料类型很多,以个人捐赠者为例,信函、日记、手稿、照片、录音、录像、生平传记、专业著作等;对于组织和机构,其来往信函、章程、文件、职工名册、备忘录、会议记录、出版物、照片、声像资料等,都是图书馆收藏的对象。① 图书馆还会列出捐赠名单,褒奖捐赠者,鼓励潜在捐赠。中国高校图书馆,如前述谈到的环境因素,同样有获取档案文献的有利条件,图书馆资源建设者们应善于利用这些资源,善于挖掘特色文献捐赠的来源渠道。

3.4 采取符合档案文献特性的整理与保存方式

从图书馆馆藏角度看,档案文献是非常具有个性化的文献,不同于一般常规文献具有统一外在形式与整理规则,不同主题的档案文献,其类型与形式千差万别。因此,图书馆对所藏档案文献的整理与保存,除在一些处理要点上有共通性,没有完全统一的模式,最终应该根据每批档案文献的特性,采取适合其特性的整理与保存方式。总的说来,一批档案文献送达图书馆后,相关负责人员与整理人员应在熟悉该档案文献生成背景的基础上,整体上估测档案文献的类型、内容、信息含量及收藏价值,针对档案文献的各项特性,确定总的整理与保存策略,并制定具体的整理流程与操作方式,采取符合该档案文献自身特点的分类、标引、装载、保存与提供利用的方式。档案文献整理的最佳结果是能够达到使档案文献内容析出明了、检索途径丰富、读者利用便利的目的。档案文献的保存应符合档案文献的珍惜程度、符合载体形态的保存需求,并考虑到读者获取便利等因素。

3.5 重视档案文献的开发与利用

档案文献馆藏建设的目的是为了妥善保存与开发有价值的原始资料,为当前及今后潜在用户的学术研究提供有效的文献支撑。当今,中国图书馆员在实践工作中已能逐步感觉到,高校读者,尤其是高层次读者,在文献资源获取渠道越来越广泛、越来越便捷的时代,图书馆没有一定的特色馆藏,将越来越难以吸

---

① 李宝玲:《从美国的档案馆馆藏看档案资源建设》,原载《中国档案》,2011 年第 3 期,第 60—61 页。

引这类读者来利用图书馆。对档案文献资源悉心建设，吸引学者开展相关研究，最后结出丰硕学术成果的例子有很多。以哈佛燕京图书馆为例，浙江大学陈红民教授曾大力研究哈佛燕京图书馆收藏的“胡汉民档案资料”，由其整理、辑注并由广西师范大学出版社2005年出版的《胡汉民未刊往来函电稿》15卷，是近年来出版的最重要的民国史料之一。陈教授还曾赴哈佛燕京图书馆研究“蒋廷黻档案资料”，其主持申报的“哈佛燕京图书馆藏‘蒋廷黻资料’整理与出版”项目，获得2011年国家社科基金“重点项目”资助。[①]

结束语

有不少学者在谈到中国高校图书馆文献资源建设时都曾感慨：我们图书馆采访工作只重“采”，缺乏“访”。的确，非通过常规购买途径易获取的文献资源，都需要图书馆文献资源建设者去“寻访”，不仅是本案例中谈及的原始档案类文献，有学术参考价值的文献范围极其广泛，还有众多特色资源，都值得纳入高校图书馆馆藏建设的探索与实践中。在文献出版技术飞跃发展的时代，闪印技术将使今后图书馆对出版物的获取超越传统障碍，图书馆的馆藏资源也将愈趋相同。在常规采购途径外，挖掘多种“寻访”途径，在特色馆藏建设上有所收获，凸显馆藏价值，获得读者青睐，将成为越来越有意义的馆藏建设活动。

---

① 2011年度国家社科基金项目评审结果公布.[2012/6/20].http://www.npopss-cn.gov.cn/GB/219468/14932542.html

明永乐内府本《诸佛世尊如来菩萨尊者名称歌曲》的背景及刻印

◎ 范邦瑾①

摘要：

明成祖朱棣武力夺位后，为神化皇权，安抚人心，敕撰《诸佛世尊如来菩萨尊者名称歌曲》，是其崇佛表现之一。是书刻印、版画俱精，共采集唐宋元以来通行南北的佛教曲牌三百多个，填写歌词二千余首，可谓集一时之大成，在佛教歌曲史上具有重要意义。此本附有《感应歌曲》，应是内府版刻于永乐十五年，刷印于永乐十八年。各版本有作五十一、五十和七卷的，皆因卷帙繁重而析，原本实不分卷。

关键词：

永乐；佛教词曲

Song Name of the Buddha, *Bhagavat*, *Tathagata*, *Bodhisattva and Arya* in Ming Yongle Period

◎ Bangjin Fan

Abstract:

After the Ming emperor Yongle (reign 1403—1424) forcibly seized the throne, as the deification of the imperial power and in order to soothe the people, he ordered the production of the book entitled *Song Name of the Buddha*, *Bhagavat*, *Tathagata*, *Bodhisattva and Arya*, which

---

① 范邦瑾，美国国会图书馆特约研究员（Research Specialist, Asian Division, Library of Congress, Washington, DC. USA）。

became one of numerous displays of his faith in Buddhism. The book is exquisite, both in its design and print. It is a collection of more than 300 Buddhist tunes that were popular in both northern and southern China during the Tang, Song, and Yuan dynasties, and includes more than 2000 sets of lyrics to those tunes. The book was a great synthesizer at that time and had important significance in Buddhism song history. This edition, which includes Song of Divine Interaction, should have been engraved in the 15th year of Yongle and printed in the 18th year of Yongle. There are 51, 50 or 7 volumes in different versions of the book due to its large content; however, the original version is only one volume without separation.

Keywords:

Ming emperor Yongle; Buddhism song

一、概况

《诸佛世尊如来菩萨尊者名称歌曲》不分卷附《感应歌曲》二卷，明成祖朱棣敕撰，永乐十五年(1417)刻十八年(1420)印内府本(说见下)。版式为四周单边，上下黑口，黑双鱼尾。半叶十六行三十一字，无行格。版框高 29.5、宽 18.8 厘米，全书高 34.0、宽 27.0 厘米。大厚册二册，白棉纸印刷极佳。无书名叶。正文卷端题："诸佛世尊如来菩萨尊者名称歌曲"。正文前有永乐十五年四月十七日《诸佛世尊如来菩萨尊者名称歌曲序》，释迦摩尼成道图，如意云龙纹六行牌记，"诸佛世尊如来菩萨尊者名称歌曲目录"。卷末有韦陀护法图，永乐十五年四月十七日《诸佛世尊如来菩萨尊者名称歌曲后序》，永乐十八年正月初一日《御制诸佛世尊如来菩萨尊者名称歌曲后序》。全书末另有《感应歌曲》二卷，上卷前有永乐十七年(1419)七月初十日《御制感应序》，中间有永乐十七年十月十五日《御制感应序》，下卷前有永乐十八年四月十七日《御制感应序》。

释迦摩尼成道图占三叶，中间一叶释迦摩尼结跏趺坐于莲花座上，袒右肩袈裟。左手横置腹前结定印，表示禅思，内心安定；右手置右膝上，掌心向内，手指指地，施触地印，表示大地作证，为解救众生不惜牺牲一切。身后莲花火焰纹背光，顶上有幡盖。莲花座下为束腰须弥方座基础，供案在前，阿难、迦叶侍立左右两侧。前后二叶分别绘十六尊者和八菩萨，侧身面向中间的释迦摩尼佛，四大天王则手持各自法器分列在左右下角处。三叶合一图，人物周围祥云环绕,刻印精细。牌记为长方双边框,内题字六行:“六合清宁,七政顺序。雨旸时若,/万物异丰。亿兆康和,九幽融朗。/均跻寿域,溥种福田。上善攸臻,/障碍消释。家崇忠孝,人乐慈良。/官清政平,讼简刑错。化行俗美,/泰道咸亨。几厥有生,俱成佛果。”框旁饰以如意云龙纹,下为束腰须弥方座,形制同释迦摩尼成道像座基,十分华丽。护法韦陀身披盔甲,彩带绕身,双手作合掌印。项光在首,祥云在上。

莲花牌记、韦陀图和序末空叶和空白处均散布众多薝卜花,宋代罗愿《尔雅翼》记“薝卜者金色,花小而香,西方甚多”①。传入东土后,中国人以为栀子花即佛书中的薝卜,元人王义山《栀子花诗》即云:“此花端的名薝卜,千佛林中清更洁。”②又有认为花香可代替焚香,称为“禅友”。此书中各处薝卜花随风飘逸,似能闻其妙香,极其雅致。巧合的是1988年景德镇明御窑考古出土有青花梵文大杓,上面所绘花纹与此书所印一致。景德镇陶瓷考古研究所所长、著名古陶瓷学者刘新园教授撰《景德镇明御厂故址出土永乐宣德官窑瓷器之研究》,特借阅此本作为断代依据,证明其为永乐年制品。由此可见此书在考古学上的意义。③

卷内钤有五印:“徐乃/昌读”朱文方印,“积学斋徐乃昌藏书”朱文长方印,“范氏长春/室藏书”朱文长方印,“上海/图书/馆藏”朱文方印,“上海图书馆/退还图书章”朱文长方印。徐乃昌(1868—1936),字积余,号随庵,安徽南陵人。光绪举人,民国后寓居上海。富藏书,室名积学斋,抗战中书藏渐散。此本后归范氏长春室,“文革”中曾入上海图书馆善本书库,“文革”后退还。

二、佛曲的发展和采编

佛教音乐源于印度,随佛教经文传入中国,称为梵呗。因汉、梵语音不同,曲调难以通用。为弘扬佛法,便于中国信徒接受,魏晋时遂“改梵为秦”,用中国

---

① (宋)罗愿:《尔雅翼》卷四《释草·栀》,台湾“商务印书馆”影印文渊阁《四库全书》本。

② (元)王义山:《稼村类藁》卷三十《乐府乐语》,台湾“商务印书馆”影印文渊阁《四库全书》本。

③ 《景德镇珠山出土永乐宣德官窑瓷器展览》,香港市政局,1989年出版。

的音调来配唱汉译经文。南北朝时，随着佛教的传播，民间吟唱赞偈甚为流行。唐代佛曲名目甚多，仅就敦煌卷子而言，任二北先生《敦煌曲校录》选曲词545首，佛曲就有293首，占了一半以上。① 宋元时期，佛教更多地采用了歌曲这一通俗形式来供养佛菩萨，以此来接近民众，吸引更多信徒。同时各地又因方言、地方音乐和风俗习惯的不同而造成佛曲风格各异，这种情况在南北朝时就已经很明显。唐僧道宣《续高僧传·杂科声德篇》即云："寔惟天音，色界诸天来觐佛者，皆陈赞颂。经有其事，祖而习之，故存本因，诏声为梵。然彼天音，未必同此。故东川诸梵，声唱尤多。其中高者，则新声助哀，般遮掘势之类也。地分郑魏，声亦参差，然其大途，不爽常习。江表关中，巨细天隔，岂非吴越志扬，俗好浮绮，致使音颂所尚，惟以纤婉为工。秦壤雍梁，音词雄远，至于咏歌所被，皆用深高为胜。……故知神州一境声类既各不同。"②此本歌曲就是采用南北曲各种曲调填写的，以北曲、南曲分别编写《佛名称歌曲》、《世尊名称歌曲》、《如来名称歌曲》、《菩萨名称歌曲》、《尊者名称歌曲》，另有未标南北曲的《普法界之曲》、《弘利益之曲》、《广善缘之曲》、《利一切之曲》、《普尘刹之曲》、《朗混融之曲》、《五供养》、《忏悔》、《兴善灭恶忏悔》、《大明神咒回向》、《发愿偈》、《十二因缘咒》、《吉祥赞》。共收集唐、宋、元以来通行南北的佛教曲牌300多个，填写歌词2000余首，可谓集大成者。

需要注意的是，此书仅记录了曲牌名称和歌词，并未附有乐谱，或以为乐谱另编发送，但迄今并未发现有任何实物或记载。有人推测内府派遣的颁经者本身受过良好的佛曲训练，到各地散施时负有教授各地寺庙之责。也有认为在乐籍制度下，由各地专业乐工尤其是女乐者前来教习。窃以为此本歌曲原是选用历代的南北曲调填写的，主要是改写了歌词内容，所录曲牌绝大部分是原就流传民间，社会上盛行的习用之曲，如北曲《佛名称歌曲》下"《证圆融之曲》，即《清江引》二十九首。《广善世之曲》，即《水仙子》五十一首"。《清江引》和《水仙子》原都是有名的元曲曲牌，借以填入佛教内容的歌词，即所谓"旧瓶装新酒"，拜佛者只要看到歌词和所属曲牌，就能够用既往熟悉的曲牌音调唱出，其来有自。

---

① 徐湘霖：《论敦煌佛曲》，载《青海民族学院学报（社会科学版）》，1995年第2期。

② （唐）释道宣：《续高僧传》卷三十。

三、编纂背景、意义及颁发

明成祖朱棣发起“靖难之役”，以非常手段夺得侄子建文帝皇位，自知名位不正，为巩固统治，安抚人心，大力提倡佛教。他亲笔写经①，集注《金刚般若波罗蜜经》②，御撰《神僧传》九卷③、《异僧传》九卷④。“永乐十八年三月初七日，颁御制经序十三篇，佛菩萨讚跋十二篇为各经之首。”⑤又在南京和北京分别刻印规模宏大的南北《大藏经》。⑥ 成祖崇佛的建筑大工程便是在“南京敕建报恩寺，役囚万人”⑦。在北京铸造永乐大钟，钟高6.75米、直径3.7米、重46.5吨，举世无双。钟的内外铸经文23万余字，其外面主要部位铸有《诸佛世尊如来菩萨尊者神僧名经》，与此本《诸佛世尊如来菩萨尊者名称歌曲》具有相同意义：“称念诸佛、世尊、如来、菩萨、尊者名号，其功德甚深广大，得福最多。以如是胜妙，导人为善，同修佛果。”⑧又云：“诸佛、世尊、如来、菩萨、尊者弘发誓愿，济度群生。凡发善心称赞诸佛、世尊、如来、菩萨、尊者名号者，即得种种善报，轻薄侮慢不敬不信者，即得种种恶报。”⑨倡导因果报应之说。为此永乐帝还另撰《为善阴骘》十卷⑩，仁孝皇后亦撰《劝善录》颁行天下⑪，以期教化民众，顺从他的统治。

此书的编纂，在《御制诸佛世尊如来菩萨尊者名称歌曲后序》中可以看出：

---

① 罗继祖辑有《明成祖写经》不分卷，伪康德十一年(1944)景印本。

② 有永乐内府刻本，复旦大学图书馆藏，1984年上海古籍出版社影印。

③ 有永乐十五年内府刻本，中国国家图书馆等藏。

④ 中国国家图书馆藏抄本存卷一至卷三。

⑤ (明)释幻轮：《释氏稽古略续集》卷三，清光绪十二年(1886)莲庵居士严尔珪刻本。

⑥ 《永乐北藏》永乐八年至正统五年(1410—1441)刊，万历十二年(1584)续刊410卷，共6367卷，1615部。《永乐南藏》永乐十年至十五年(1412—1417)刊，大致覆刻《洪武藏》，共6631卷，1625部。

⑦ 《明史》卷一百五十七《郑辰传》，台湾“商务印书馆”影印文渊阁《四库全书》本。

⑧ 本书永乐十五年四月十七日《诸佛世尊如来菩萨尊者名称歌曲后序》。

⑨ 本书永乐十五年四月十七日《诸佛世尊如来菩萨尊者名称歌曲序》。

⑩ (明)释幻轮《释氏稽古略续集》卷三：“己亥，永乐十七年。颁《为善阴骘》。”该年内府刻本今仍存天一阁博物馆等。

⑪ 载《说郛》卷九十七。

"朕主宰天下，轸念群生，弘体慈悲，发欢喜心。间取诸佛、如来、菩萨、尊者名号，著为《歌曲》，广布流通。俾人人受持讽诵，积善修因。以共成佛果，日臻快乐，此朕一视同仁之盛心也。然所著《歌曲》，无虑千百亿佛，无一字而非真言，无一语而非至善。如布帛菽粟之济人利世，不可一日而无者。"成祖对此书的重视，还表现在他在永乐十五至十八年间先后六次为该书作序，而且六篇序文中有三篇是写于他的生日四月十七日，这在其他书中是没有的。成祖朱棣于元至正二十年(1360)四月十七日出生在应天府(今南京)，三篇序文中两篇撰于永乐十五年四月十七日，时年五十八岁，一篇写于永乐十八年四月十七日，时年六十一岁。

是书编成后，永乐十七年"二月二十八日赐僧录司右善世……《诸佛菩萨名称歌曲》大小三本"①，然后钦颁全国各地，据说感应灵验，祥征迭现。永乐十七年七月初十日《御制感应序》记："永乐十七年夏五月，遣人赍《歌曲》、《名经》往五台山散施。以六月十五日至显通寺，即有祥光焕发，五色绚烂。上烛霄汉，衣被山谷。弥满流动，朗耀日星，久而不散。已而复有文殊菩萨乘狮子隐隐出云际，微露形迹。及云收雾敛，乃见狮子扬髯吐舌，奋臂振足，腾跃鼓舞，左顾右盼于山顶驻立。明日复有罗汉由华严岭而来，或五百、或三百、或一二百，先后踵接，联翩翱翔其间。有顶经包者，有拄锡杖者，有裸体者，有袒肩者，有跣足者，有跛躄而伛偻者，众至三千余，隐显出没，变化非常。于时四方之人来游五台者，莫不顶礼赞叹，以为千载之希遇。大抵人之好善，惟在于诚而已。诚则纯一无妄，贯彻内外，足以通天地，感鬼神，贯金石，孚豚鱼。虽极其幽远，无有不感通者。朕统临天下，夙夜拳拳，以化民为务。凡有所为，一出于至诚。是以佛经所至，屡获感通。观于五台之显，应尤足征矣。今特命工绘为图，且复为歌曲以系之。"其实这些所谓的瑞象如祥光舞狮、罗汉列队等，均可是人为编排的杂技幻术，应该是为了迎奉御颁佛曲而举行的盛大法会。最后几句则道出了成祖的真意：朕统临天下，屡获感通，应尤足征矣，是获得诸佛、世尊、如来、菩萨、尊者等所有神祇灵佑的真命天子。

此后是书续颁各地，明僧幻轮《释氏稽古略续集》卷三载：永乐十七年"秋，

---

① (明)释幻轮：《释氏稽古略续集》卷三。

御制《佛曲》成，并刊《佛经》以传。九月十二日钦颁《佛曲》至大报恩寺，当日夜本寺塔见舍利光如宝珠。十三日现五色毫光，卿云捧日，千佛、观音、菩萨、罗汉妙相毕集。续颁《佛经》、《佛曲》至淮安给散，又现五色圆光，彩云满天，云中现菩萨罗汉、天花宝塔、龙凤狮象。又有红鸟白鹤，盘旋飞绕。续又命尚书吕震、都御史王彰，赍捧《诸佛世尊如来菩萨尊者名称歌曲》往陕西、河南颁给。神明协应，展现卿云、圆光、宝塔之祥。文武群臣上表称贺，上甚嘉悦。中官因是益重佛僧，建立梵刹以祈福者，遍两京城内外云"①。以至永乐十九年(1421)翰林侍讲邹辑上疏直言："京师聚集僧道万余人，日耗廪米百余石，此夺民食以养无用也。"②遭到成祖怒斥，因事关其皇权的正统和神化。

四、刻印年代及版本卷数

《诸佛世尊如来菩萨尊者名称歌曲》的具体刻印年份有不同说法，有作永乐十五年、十七年、十八年，或笼统作永乐年间的。笔者认为此本应刻于永乐十五年印于十八年，试说如下。

是书共有六篇御撰序文，各序中最早的在永乐十五年四月十七日，最晚的为永乐十八年四月十七日，据此而言，其刻印上限应该不会早于永乐十八年。但永乐十七年七月初十日《御制感应序》记："永乐十七年夏五月，遣人赍《歌曲》、《名经》往五台山散施，以六月十五日至显通寺。"前引《释氏稽古略续集》载永乐十七年"秋，御制《佛曲》成，……九月十二日钦颁《佛曲》至大报恩寺"，都是在十八年之前，说明此前已经成书颁发。据卷内第一篇永乐十五年四月十七日序云："间取佛经所载诸佛、世尊、如来、菩萨、尊者名号，编成歌曲，欢喜赞讽，功德弘深。因以锓梓，流通广传"，清楚地表明"锓梓"在永乐十五年。且如前述，是书在永乐十七年二月二十八日赐僧录司右善世保存，也是永乐十五年刻印之证。

那么如何解释永乐十八年的序呢？查此书实含《诸佛世尊如来菩萨尊者名称歌曲》和《感应歌曲》两部分，各有序三篇。前者卷前《序》和卷末《后序》均撰

---

① (明)徐三重《采芹录》卷三有类同的记载。

② 《明史》卷一百六十四《邹辑传》，台湾"商务印书馆"影印文渊阁《四库全书》本。

于永乐十五年四月十七日同一天，最后的《御制后序》写于永乐十八年(1420)正月初一日；后者三序，永乐十七年二篇、十八年一篇，均题作《御制感应序》，没有永乐十五年的。显然永乐十五年刻的《诸佛世尊如来菩萨尊者名称歌曲》送至五台山和大报恩寺后因灵验迭现，成祖有感于此，便在永乐十七年补作《感应歌曲》，“复为歌曲以系之”①，于永乐十八年刻印，同时补撰《御制后序》附于前编原曲之末。胡适先生曾得到马隅卿赠送的此书残本，撰跋谓：“此本所存，乃是原曲颁发后的《感应歌曲》四部。一部为五台山颁曲后的瑞应，一部为大报恩寺的瑞应，一部为淮安的瑞应，一部为河南陕西的瑞应。”②也认为《感应歌曲》是在原曲颁发后所作的。

由此推论，《诸佛世尊如来菩萨尊者名称歌曲》刻于永乐十五年，曾单独颁发，至永乐十八年刻印《感应歌曲》时便用十五年刻的《诸佛世尊如来菩萨尊者名称歌曲》雕版一同刷印，合为一书，所以现存是书中无《感应歌曲》和永乐十八年《御制后序》的(不能是以后佚去的)，其中倒有可能有永乐十五年的初印本。以上所说仅个人陋见，还望有识者正之。

是书颁印后，历代均有再刻，最先是收入《大藏经》。释幻轮《释氏稽古略续集》卷三记：永乐十八年“圣朝佛菩萨名称佛曲作五十卷、佛名经作三十卷、神僧传作九卷，俱入藏流行”。是刻入《永乐藏》的应该是五十卷。但查《永乐北藏》收的《诸佛世尊如来菩萨尊者名称歌曲》是五十一卷而非五十卷，③五十卷或是《永乐南藏》本？虽《南藏》基本覆刻《洪武藏》，但也有更动，需查原书才能知道。此后五十一卷的有明崇祯七年(1634)楞严寺刊《嘉兴藏》本，日本明治十四年至十八年(1881—1885)弘教书院校订《弘教藏》本，民国二年(1913)大纶频伽精舍校刊《频伽藏》本。五十卷的有清康熙二年至五年(1663—1666)集赀刊本，日本宽文九年至天和元年(1669—1681)黄檗山宝藏院铁眼道光禅师募刻《黄檗藏》本。还有分七卷的民国二十五年(1936)卢前辑《饮虹簃所刻曲·续刻曲》本，清

① 本书永乐十七年七月初十日《御制感应序》语。

② 胡适：《明成祖御制佛曲残本跋》，载《胡适论学近著》第一集，1936年商务印书馆出版。

③ 《中华大藏经》影印。

黄虞稷《千顷堂书目·释家类》则录作一卷[①]，清内府目录《秘殿珠林》作一部[②]。再来看此本，目录、卷端和版心均未标卷数，叶码除去序跋、图版、目录各为起讫外，正文自第一叶起连续编号至三百零七叶，实为不分卷，或作一卷一部也不错。此本应是最早的版本，之所以后来会有五十一卷、五十卷和七卷多种本子，皆因该书卷帙繁重，后刻者各自分卷，以便读者检阅。另是书后附的《感应歌曲》，虽卷端、版心亦未标卷次，但其叶码起讫分为两部分，前一部分自一至二十七，后一部分自一至八，且两部分前各有《御制感应序》叶码独立，故应是二卷。

---

① （清）黄虞稷：《千顷堂书目》卷十六，台湾“商务印书馆”影印文渊阁《四库全书》本。

② （清）张照等：《秘殿珠林》卷二十三，台湾“商务印书馆”影印文渊阁《四库全书》本。

不列颠哥伦比亚大学的中文特藏

◎ 刘静[①]

摘要：

本文叙述加拿大不列颠哥伦比亚大学的两种中文特藏——蒲坂和庞镜塘藏书。内容包括特藏的源流和入藏经过、藏书的特征及其中的珍善本、特藏使用的情况以及学者们的推介与研究，并强调目前寻求国际合作从而对这些中文特藏的保护和传播工作。

关键词：

不列颠哥伦比亚大学；蒲坂藏书；庞镜塘藏书

Chinese Special Collections at UBC

◎ Jing Liu

Abstract:

This paper provides an over of the Chinese special collections at the University of British Columbia focusing on Puban and Pang Jingtang Collections. It describes the collections' moving routes, rare items and their research value, usage and scholars' research and promotion. It then emphasizes on international collaboration on preservation and digitization of these Chinese cultural heritage.

Keywords:

University of British Columbia; Puban Collection; Pang Jiangtang Collection

---

① 刘静(Ms. Jing Liu)，加拿大不列颠哥伦比亚大学中文研究馆员(Chinese Language Librarian, University of British Columbia)。

加拿大不列颠哥伦比亚大学（University of British Columbia，简称 UBC，又译为英属哥伦比亚或卑诗大学）是北美汉学研究重镇，其亚洲图书馆收藏数量惊人的亚洲文献，尤为可贵的是 6 万余册中文线装古籍，其中有 20 世纪 60 年代采购自香港和澳门的线装书，90 年代购买的珂罗版东亚画册以及后来接受捐赠的来自中国北方的私家藏书等。在线装古籍中，蒲坂藏书和庞镜塘藏品最具文献和文物价值。本文介绍 UBC 这两种特藏如何辗转而来，其藏书特点、使用情况以及学者们的推介与研究。也希望以此为敝馆寻求国际合作，将中文特藏与全球学者共享。

特藏的源流

蒲坂藏书由曾执教于本校的何炳棣教授在 1958 年赴澳门购得，共计 3000 余种，40000 多册。在此基础上 UBC 于 1960 年成立了亚洲图书馆，次年设立亚洲研究系并开始广罗全球的汉学家。蒲坂的主人是澳门的富商姚钧石先生（1889—1973）。姚出生于广东南海的医学世家，本人也先后在广州和澳门行医，并在中国大陆、港、澳、台之间有生意往来。他在 1940 年从举家躲避战乱的徐信符手中购买了一大批藏书。自认为舜帝后裔的姚先生，以舜都命名了自己扩充后的私藏——“蒲坂藏书”，敝馆沿用此名称至今。

蒲坂藏书中大部分继承了南州书楼的旧藏。南州书楼的主人徐信符名绍棨，广东番禺人，生于光绪五年（1879）。他曾就学于海堂菊坡精舍，与朱执信、汪季新等革命党人有姻亲关系，并在广州结社切磋学问。徐先生曾在广府新式大学和中学教授文史和古籍目录学，并担任过广东省图书馆委员、广东省立图书馆首任特藏部主任，同时又负责主编《广雅丛书》、《学海堂丛书》，著有《广东藏书纪事诗》等。徐先生以保存乡邦文献为职志。南州书楼位于广州小北路 120 号，建于 1928 年。[①] 30 年代初藏书已达 1200 箱数十万卷。[②] 自 1937 年抗战起，为躲避战乱，徐先生携大量南州善本迁居港澳，靠卖书治病过活。至 1940 年，他出售数千种藏书给姚钧石先生时，南州书楼已经元气大伤，以致嗜

① 高炳礼：《“南州书楼”聚散史述略》，载《图书馆论坛》，2003 年 12 月，第 23 卷，第 6 期。
② 何多源：《广东藏书家考》，载《广州大学图书馆季刊》，1934 年，第 1 卷，第 3 期。

书如命的他“神为不怡者累月”[①]。

二战后，年事已高的姚先生担心澳门的前途，广泛宣传求售他的蒲坂藏书。南洋大学的林语堂先生、澳门的何贤都为保存这批文化遗产谋划过。那时，远在太平洋彼岸的UBC图书馆决定将预算外的捐赠善款全部用来购买中文藏书。机缘巧合，严文郁先生也在那时将蒲坂目录转给何炳棣教授，何教授代表UBC远赴澳门购入了这第一批中文藏书。正如当年校长所言，蒲坂藏书的到来将本校的亚洲研究推向世界领先的位置。源于广州的南州书楼藏书在躲避到港、澳，经两次易主之后，漂洋过海来到太平洋对岸的加拿大温哥华定居，一晃就是半个多世纪。

正当UBC开始大力发展亚洲研究的时候，庞镜塘的部分古籍、书画、碑帖及手札随其次女庞祎由台湾移居加拿大。庞祎曾就读于本校的亚洲研究系。在她2000年去世之后，其子方志豪(Paul Fang)主动联系UBC图书馆，捐赠了其母保存的庞镜塘的部分书籍及碑帖。庞镜塘(1900—1977)，山东菏泽人，生长于官宦世家。1925年，庞参加国民革命，曾任黄埔军校政治教官、国民党中央组织部秘书长、国民党山东省党部主任委员等职。1948年济南战役时，庞镜塘被解放军俘虏，其妻杨宝琳携两女赴台。杨曾在台湾担任立法委员。庞镜塘喜爱收藏古书和名人字画，曾收藏书籍多达9万余册，其中有不少珍本秘籍。[②]现藏于敝馆的有近60余种书，加上碑帖和手札约90种，800多册。

这两种分别来自广东和山东的私藏远渡重洋、殊途同归，而在国内却鲜为人知，直到沈迦先生近年来的调查和推介。正如沈先生所说，“他们的前世代表了上个世纪中国传统文化的劫运；而其今生正在逐渐为全球的学人所重视”[③]。

藏书特点

虽然两种特藏规模上有差异，但都不乏珍品，且各具其地方特色。蒲坂几年前的统计如下：共计3105种，其中元版1种，明版179种，清初(1644—1795)

① 马国维：《近代文学家兼藏书家徐信符先生传》，1974，香港。

② 庞镜塘生平详见《菏泽乡人萍踪》，菏泽市政协文史资料委员会，第47页。

③ 沈迦：《蒲坂藏书的前世今生》，载《藏书家》，2009年1月，第15期。

版本628种，清稿本121种，其他版本2176种。如论册数，约计45000册。包括广东省56个地区之方志以及中国境内约50种著名的山志。蒲坂半数为集部，尤以广东名家的稿本为珍贵，例如《朱九江遗墨》。子部不多，但艺术和金石类很突出。还有一些当年徐先生搜罗的和刻珍善本和高丽本。蒲坂当中超过1000种书如今少见存世，其中100多种为孤本，还有为数不少的手批校本。另一大特色为其大量的藏书钤印之善本，例如：《乐典》，三十六卷，清黄佐（1490—1566）著，清康熙二十一年（1682）刻本，有"陈澧""番禺陈氏东塾藏书印"印记。再如：《唐丞相曲江张先生文集》，十二卷，唐张九龄（678—740）撰，又称《曲江集》，明嘉靖十五年（1536）南京湛若水刻本，有"面城楼藏书印"等印记。面城楼，近人曾钊（1793—1854）藏书楼。曾钊为道光乙酉拔贡生，历官合浦教谕、钦州学正，藏书数万卷。

UBC所藏庞镜塘藏书中，被《中国古籍善本书目》收录的同种古籍有26种，被《国家珍贵古籍名录》收录的同种古籍有5种，还有数种为海内外罕见之书。庞镜塘的这部分藏书，数量虽然不多，但总的说来，多明刻本，多集部、史部书籍，多善本。具体而言，该批藏书有如下几个特点：从形成时代来看，以明代为主，有29部书刻于或抄于明代。从地域看，由于庞镜塘本人为山东人，故这批捐赠当中有数部书为山东学者编、著或抄写的作品。例如赵执信之作品有《声调谱》、《饴山诗集》等。《唐诗鼓吹》，为赵念抄本，国内不存，具有特殊的文献价值。另外还有高凤翰曾藏并题序的《冯舍人遗诗》。从经、史、子、集四部来看，以集部书为最多，有37部，其次是史部，有12部。从刊刻形式看，以刻本最多，还有一些名人抄本。从收藏来源看，有一部分来自著名藏书楼海源阁。

蒲坂使用情况

蒲坂入藏之后，带来了UBC亚洲研究的兴旺局面，除何炳棣、王伊同等史学教授外，叶嘉莹教授也利用其中的文学典籍和大量的清人文集来教授中国古典诗词。叶教授已经桃李满天下，她的学生中又产生了几代教授，无论他们服务于哪所大学，仍在使用蒲坂或南州特藏。叶教授对女词人的作品研究入微，近年又惊喜地发现汪精卫诗集，并对其中的烈士情结兴趣浓厚。她的研究成果再次引起了学界的瞩目。叶教授的学生，现在我校亚洲研究系的施吉瑞教授(Jerry D. Schmidt)认为蒲坂藏书中的诗文集至今无法被编辑重印的新版本取代。他研究郑珍(1806—1864)诗集，发现现代排印本除校勘的错误外，往往删除了作者本人的序，而蒲坂中的《巢经巢诗抄》大信息量的序来自作者、其好友莫友芝以及翁同书。对这些序言的研究构成了施教授著作主干线的开端。

蒲坂的使用者也包括外校的师生。普林斯顿大学的马泰来博士需要参考《闽中十子诗》。他认为1886版的藏本虽然不被看作珍善本，但它比明代原版更有使用价值。北京大学的潘建国教授辗转追溯邓志谟万历年间的明刻本《锲音注竹溪蝉吟稿》，虽然其他文献中反复提及，但找遍了中国和日本，似乎已不存，然而此孤本就在我馆隐居。潘教授看过全书并发表论文时说："夙愿得偿，曷胜快慰。"[①]还有很多学者寻求身在加拿大的朋友代为查询，例如麦吉尔大学的方秀洁教授代国内学者查问恽敬的各种版本的《蒹塘词》。当然近年也不乏从亚洲飞来的学者，例如广东的学人亲赴温哥华查询温子颢《倚铜琶馆词钞》和《广东驻防小志》，它们同为仅存的抄本。

更有访问学者对该特藏深入研究。《五百四峰堂诗稿》，残本手稿，一卷三本。作者黎简，钱仲联先生称之为"在乾嘉时殆可独步岭南"之诗人。其诗稿在过去的300多年里已有不少刊本，2000年中山大学出版社出版梁守中先生辑录校理本《五百四峰堂诗钞》。但是，蒲坂中的残稿仍有其重要价值。来自安徽的管锡华教授以手稿与前集、后集刊本细细对勘，知刊本悉依手稿改删刊印，黎简所删之诗共19首。今天的观察角度，黎简所删的19首诗，无论思想还是艺术都颇具价值。他为此研究撰文并发表在2008年第2期的《中山大学学报》上。[②]

当然蒲坂多年来服务的主要对象还是本校的学者。随着教学和研究的国际化，他们与世界上其他地区的汉学家的合作也日益紧密。例如由本校卜正民(Timothy Brook)教授领衔的一个课题组与法兰西学院的魏丕信教授(Pierre -

① 潘建国：《加拿大不列颠哥伦比亚大学亚洲图书馆藏明刊孤本〈蝉吟稿〉考略》，载《文献》，2012年第2期。

② 管锡华、吴欣欣：《黎简诗集手稿及其自删诗辑录》，载《中山大学学报》，2008年第2期第48卷。

Etienne Will)合作研究丘濬的《大学衍义补》。该书为中国古代经世思想的名著,对明代以降的中国甚至欧洲的经世思想均产生过影响。课题组发现蒲坂中该书的版本似乎与众不同,是否就是世所罕见的最早的弘治元年版?课题组将它与所有传世版本进行了对比,蒲坂所藏为福建坊间翻刻嘉靖三十八年(1599)吉澄刻本,对研究该书的出版和影响,也很有价值。戴联斌博士的相关论文将由 Brill 出版。

两种特藏的推介工作

王伊同教授(Y. T. Wang,1914—),字斯大,早年毕业于燕京大学历史系,与何炳棣教授是同学。1957—1962 年,他在 UBC 任教,得以接触刚刚购入的蒲坂藏书。他先是以英文推介①,又择善本整理出《加拿大英属哥伦比亚大学宋元明及旧钞善本书目》。王教授在历史研究方面功力深厚,研究领域涉及名物制度考证、舆地、版本学、民族史等。他曾先后在芝加哥大学、哈佛大学、匹兹堡大学以及台湾"清华大学"历史研究所从事学术研究与教学工作。UBC 影印王教授以俊逸小行书手写的书目,装订成册,但恐怕印数不多,发行量有限。该书目后来被收入 2006 年中华书局出版的《王伊同学术论文集》。

20 世纪 90 年代,钱存训和潘铭燊两位先生曾对蒲坂特藏评估。美国瑞典裔的艾思仁博士(Dr. Soren Edgren)主持的研究图书馆信息网络(RLIN)善本书计划,将几百种蒲坂善本进行了编目。艾博士是版本目录学的权威,记忆力惊人。他在东西方学术交流中有力地向亚洲的同仁推介过我校的蒲坂。2006 年,RLIN 合并进入了联机图书馆中心(OCLC)的目录,也将蒲坂的善本书目植入了联合目录 WorldCat 当中。同时,从香港中文大学退休的李直方教授,受邀担任了蒲坂藏书的顾问,基本完成了本馆和 OCLC 共享的联机编目工作。但是由于时间和工具的限制,很多条目过于简略,不足以给读者足够的信息量来判断版本的价值。然而,毕竟全球的学人都可以通过联机目录得知蒲坂特藏的基本信息。

---

① Wang, Yitong, "The Puban Chinese Library at the University of British Columbia", Pacific Affairs, 34:1 (1962: Spring)

尽管西方以及台湾的学者对蒲坂使用频繁，成果丰富，也出版了一些包括蒲坂书在内各自专业的书目[①]，但是中国国内的读者甚至学界并不熟悉。沈迦先生对蒲坂的前世与今生进行了深入的研究，并在国内的《藏书家》上发表了文章。管锡华教授花费了12年的时间就蒲坂中的1003种书撰写了书目提要并准备出版。2011年杭州师范大学的李最欣教授也对其中的诗词类书撰写了部分书志。今年更有英国牛津大学的戴联斌博士、大连图书馆的专家王雨霖女士表示研究蒲坂藏书的兴趣。

庞镜塘藏书入馆以来的情况则有所不同。毕竟是旧藏散出的极小一部分，没有原来的目录。谢琰先生曾做过简单的入藏清单，之后那几十种书便被束之高阁。近年，作者本人才得以接触它们，并为来自老家山东的文化遗产而惊叹，其珍贵程度不亚于蒲坂。工作之余，在天一阁谷敏博士的远程帮助下将其梳理，并对其中的珍善本择要叙述[②]。我们对其中熊廷弼及杨涟的手书真迹也有较深入的研究。[③] 去年秋天，普林斯顿大学东亚图书馆馆长马泰来博士应邀前来对庞镜塘藏书进行了评估。

数字化形式的回归

以上两种特藏仍然在吸引众多的学者前来。北京大学中国古文献研究中心的安平秋、刘玉才等一组学者专门前来调研，国家图书馆出版社的郭又陵社长也带领部下前来，再有广西师范大学出版社的何林夏社长和广东中山图书馆倪俊明馆长等利用他们在温哥华公干的有限时间仔细检阅过善本特藏。大家也注意到一些书已经不能承受翻阅、亟待修补。

今年夏天，作者与本馆的数字化部合作，试验性地开始了中文善本数字化扫描，其间对一些特殊问题进行了处理，并收到较好的效果。例如采用非接触

---

① Brook, Timothy, Geographical Sources of Ming - Qing History, Ann Arbor : Center for Chinese Studies, University of Michigan, c2002.

② 刘静、谷敏:《不列颠哥伦比亚大学庞镜塘藏书述要》，载《中国典籍与文化》，2011年第2期。

③ 谷敏、刘静:《浅谈加拿大不列颠哥伦比亚大学所藏熊廷弼、杨涟手札二通》，载《当代海外中国研究》，第1辑。

性的、冷光源的扫描拍照设施，针对固定翻开的中文古籍专门设计了支架，以及重新确认元数据的标准等。目前国内包括广东有不少机构希望合作整理、保护和数字化这些流落在外的中国传统文化遗产，使其以不同形式回归故里。

在政治舞台上哀伤的艺术：小议陆机《愍怀太子诔》

◎ 刘 倩[①]

摘要：

陆机在其文学理论著作《文赋》中就诔文这种哀祭文的特色提出了"诔缠绵而凄怆"的文学主张。《文选》五臣注济曰："诔叙哀情，故缠绵意密而凄怆悲心也。"现代学者对这一主张也作出了进一步的诠释，认为这反映了诔的功能在西晋已从官样文章的"述德"向表达个人情感、"寄托哀情"的方向转化，陆机于此提倡用诔文抒发真情实感。《愍怀太子诔》是陆机诔文中篇幅最长，而且最为后人所称道的一篇作品。本文试图通过集中分析这篇名作来探讨以上观点，讨论陆机对诔文创作特点的发展，他的文学主张与文学创作之间的紧密联系，并说明他如何成功地在西晋王朝形势严峻的政治舞台上，用其文学才能充分展示表达哀伤的艺术。

关键词：

诔文；陆机；《愍怀太子诔》

---

① 刘倩，现任亚利桑那州立大学图书馆中国研究馆员（Chinese Studies Librarian，Arizona State University Libraries）。

The Art of Lamenting on the Political Stage: "Dirge for Heir Apparent Minhuai"

◎ Qian Liu

Abstract:

As an important writer of *lei* (dirge), one of the threnodic genres, Lu Ji (A. D. 261—302) in his well - known work on literary theory *Wen fu* (Rhapsody on Literature) claimed that the genre characteristics of dirge should be sentimental and heartrending. Modern scholars suggested that this claim reflected an important literary shift in which the function of dirge was changing from describing virtue to expressing personal sorrow and genuine emotion during the Wei Jin periods.

Among the dirges composed by Lu Ji, "Dirge for Heir Minhuai" is the longest one, highly praised by later scholars. In the paper, I focus on this literary work to explore his contribution to the development of dirge as well as to discuss the connection between Lu Ji's literary claim and his composition of dirge. I also attempt to analyze what literary techniques Lu Ji has developed to enhance the expression of sorrowful emotions, what influence the dirges of Cao Zhi had on his composition, and how he integrated historical context into each touching scene described in the dirge. In sum, I consider dirge a vehicle for Lu Ji to delicately express sincere lament on a specific political stage.

Keywords:

Dirge; Lu Ji; Dirge for Heir Apparent Minhuai

当文人学者们探讨西晋文学成就时，他们必然要论及被钟嵘盛誉为“太康之英”的陆机。和他的文学创作相比，陆机的文学理论著作《文赋》更为后世所熟知推崇。在这篇名作中，陆机就诔文这种哀祭文的特色提出了“诔缠绵而凄怆”的文学主张。《文选》五臣注济曰：“诔叙哀情，故缠绵意密而凄怆悲心也。”[①]现代学者对这一主张也作出了进一步的诠释。例如徐国荣在他的《先唐诔文的职能变迁》一文中指出：这反映了诔的功能在西晋已从官样文章的“述

---

① 萧统编选，李善注：《文选》，台北：正中书局，1971 年，17 卷第 4 页上。

德"向表达个人情感、"寄托哀情"的方向转化。[①]褚斌杰在《中国古代文体概论》中也认为陆机于此提倡用诔文抒发真情实感。[②]本文试图通过集中分析陆机的《愍怀太子诔》来探讨以上观点，讨论他对诔文创作特点的发展，以及他的文学主张与文学创作之间的紧密联系。

陆机传世的诔文共有7篇，即《吴大帝诔》、《吴大司马陆抗诔》、《吴贞献处士陆君诔》、《顾谭诔》、《毗陵侯君诔》、《愍怀太子诔》和《张华诔》。除《愍怀太子诔》存有全文外，其余皆不全。《愍怀太子诔》采用四言句式，包括序共计130行，是陆机诔文中篇幅最长，而且最为后人所称道的一篇作品。如刘师培在讨论铭诔时，特意提出："诔则左贵嫔《元皇后诔》，陆机《愍怀太子诔》，文之尤善者也。"[③]诔文中的愍怀太子指的是晋惠帝司马衷所立皇太子司马遹。因其生母为谢夫人谢玖，非皇后贾南风所生，贾后一直试图谋害他。永康九年（299）十二月，贾后假意邀请司马遹入宫，将其灌醉，并使其书写犯上谋乱之书，太子因此被废为庶人。第二年，贾后矫诏杀之于其幽禁地许昌。贾后一党被剪除后，司马遹的冤情得以昭雪，他的太子身份被恢复，遗体也被重新安葬，策谥曰愍怀。[④]这篇诔文即陆机在晋惠帝为太子举行的迁葬仪式中所做。

诔作为古代六辞之一的礼文[⑤]，其重要功能在于叙述亡者的功德业绩，即"诔者，累也；累其德行，旌之不朽也"[⑥]。与此同时，"诔述祖宗，盖诗人之则也"[⑦]。诔的产生源于诗，《诗经》中的颂诗对诔文颂扬先祖的主题与四言韵文的写作形式都有着深远的影响。值得注意的是，陆机首先尊重并遵循了这一传统，在序言中提出此篇诔文的主旨在于："追慕徽尘，兴言断绝。敢诔遗风，庶存芳烈。"在其后的诔辞中，自29行至74行皆为"述德"部分[⑧]，追述愍怀太子

---

① 徐国荣：《先唐诔文的职能变迁》，《文学遗产》，2000年第5期，第19页。

② 褚斌杰：《中国古代文体概论》，北京：北京大学出版社，1990年初版，1992年再版，第419页。

③ 刘师培：《中国中古文学史》，北京：人民文学出版社，1998年，第63页。

④ 《晋书·愍怀太子传》，北京：中华书局，1982年，第1457—1465页。

⑤ 《周礼·春官》载：作六辞以通上下亲疏远近，一曰祠，二曰命，三曰诰，四曰会，五曰祷，六曰诔。见阮元《十三经注疏》，北京：中华书局，1979年，第809页。

⑥ 刘勰著，周振甫注：《文心雕龙注释》，北京：人民文学出版社，1981年，第127—129页。

⑦ 刘勰著，周振甫注：《文心雕龙注释》，北京：人民文学出版社，1981年，第127—129页。

⑧ "述德"与下文的"写哀"二词皆引自徐国荣《先唐诔文的职能变迁》一文。

的先祖世系，歌颂其生平美德：陆机先以浓墨重彩强调太子出身高贵，天资卓越，接着回溯到太子的祖父晋武帝司马炎，描述太子与晋武帝祖孙之间亲厚无间的关系。其中"诞自幼蒙，逮事皇武"等句亦反映了史书中所记载有关司马遹少年聪慧过人的史实。[①]其后是对晋惠帝功业风采的赞颂，比照史书对这一被称为"亡国败身""庸暗"之君的鉴定[②]，陆机则在此处将诔文"歌功颂德"的传统文体职能发挥到极致，溢美之词形于言表。最后陆机再次概括渲染太子的地位、能力、德行及本应拥有的辉煌业绩。诔辞至此一直都围绕着述德咏功展开，中规中矩，韵律齐整，大量化用五经的典故用辞，如"成命既俊"、"茂德克广"、"展矣太子"、"允矣圣祖"等，不胜枚举。无论是其内容、技巧还是文辞，都充分体现了陆机作为东晋政治舞台上一名重要文学才俊对诔这一传统文体得心应手的驾驭。

在紧接着的下文中，自 75 行至 130 行，陆机则着重于淋漓尽致地"写哀"，在抒情中结合大量史实，运用多种艺术修辞手法，一咏三叹，层层推进，为太子鸣冤，表达了对太子之死的悲痛哀伤。与"述德"时典雅肃穆、华丽而内敛的风格相比，诔文对哀情的描述更为具体生动，情感转变为真挚细腻，语气变得哀楚凄怆，艺术手法也更加丰富多样。例如，在前人为帝王、皇族及重臣所创作的诔文中，我们很少看到作者以反复直呼逝者头衔封号的方式来表达哀伤，祭奠死者。而在《愍怀太子诔》中，陆机不仅多次直呼"太子"封号不下十处来描述他生前的音容笑貌，悲惨遭遇，而且以这种方式贯穿全文，反复哀悼缅怀："笃生太子，纂德承茂"，"展矣太子，播此琼芳"，"惟天有命，太子膺之；惟皇有庆，太子承之"，"惴惴太子，终温且敬"，"痛矣太子，乃离斯酷"，"太子之殁，旁无昵亲"，"呜呼太子，生冤殁悲"，"矧引太子，万邦攸望"，"孰云太子，不见其人"。一方面，从文学角度来说，这种修辞手法不仅拉近生者与逝者的距离，令逝者如仍在眼前，可直接抒发哀痛怜悯之情，使读者"观风似面，听辞如泣"[③]。另一方面，其间亦

① 据《晋书·愍怀太子传》第 1457 页记载：宫中尝夜失火，武帝登楼望之。太子时年五岁，牵帝裾入暗中。帝问其故，太子曰："暮夜仓卒，宜备非常，不宜令照见人君也。"由是奇之。尝从帝观豕牢，言于帝曰："豕甚肥，何不杀以享士，而使久费五谷？"帝嘉其意，即使烹之。因抚其背，谓廷尉傅祗曰："此儿当兴我家。"尝对群臣称太子似宣帝，于是令誉流于天下。

② 《晋书·惠帝本纪》，北京：中华书局，1982 年，第 89 页。

③ 《文心雕龙注释》，第 127—129 页。

蕴含着一定政治深意，引人深思。司马遹作为晋惠帝司马衷唯一的儿子，在惠帝于公元290年即位后便被册封为皇太子，而在贾后陷害之下，其太子封号被剥夺，并以庶人的身份被流放谋害。为了诏告天下，彰显司马遹沉冤得雪，名誉身份得以彻底恢复，陆机很有可能在诔文中用这种独特的方式着意强调逝者不容置疑的太子地位。

陆机在诔文中表现缠绵不绝哀伤的另一种重要文学手法是对比衬托。通过三组鲜明的对照和强烈的反差，他将太子生前冤情之深，死后命运之惨，种种凄凉哀婉结合史实描绘得细致入微，于低徊悲恻的情感中隐寓着历史的厚重。第一组对比是普通百姓有亲人送别的丧葬与太子孤独受死的比照："凡民之丧，有戚有姻，太子之殁，旁无昵亲，踽踽严宫，绝命闱禁，幽柩偏寄，孤魂曷归?"根据历史记载，司马遹临死前被隔绝在一小坊中，断绝食物及外界联系，黄门孙虑逼迫其服毒不从后，"虑以药杵椎杀之，太子大呼，声闻于外"①。在当时，其三子司马虨、司马臧和司马尚皆被囚禁，生母谢夫人及爱妾被以谋逆之罪杖杀，太子妃也被迫与之仳离。诔文中高度文学化的刻画正是司马遹悲惨遭遇的现实反映。在第二组对比中，陆机又以普通百姓的冤屈作为衬托来凸显太子感天动地、震惊世人的深重冤情："匹夫有怨，尚或陨霜。矧引太子，万邦攸望。普天扼腕，率土怀伤。精感六沴，咎征紫房。"此处带有政治象征意味的描写也直接体现了这一历史事件给西晋统治阶层带来的的巨大影响和冲击。历史事实也证明，太子司马遹遭陷害枉死给予风雨飘摇的西晋王朝最后沉重一击，人心涣散，直接导致了后来司马氏同姓王之间为争夺皇权而爆发的混战——"八王之乱"。最后一组对比在接近诔文结尾处，将物是人非，痛彻心扉，竟无语哽咽的哀恸之情推向高潮："于时晖服，粲焉毕陈。庭旅旧物，堂有故臣。孰云太子，不见其人。呜呼哀哉!""旧物""故臣"还在眼前，提醒着人们太子曾在此居住，而如今斯人已逝，遂成绝响。生者与逝者，存在的与离去的，皆形成强烈对比，一切仿佛都在眼前。这种境界正是刘勰在《文心雕龙》中所指出的诔"论其人也，暧乎若可觌，道其哀也，凄焉如可伤"②。必须注意的是，这一段情之所至的抒发描绘其实也是当时世人哀悼思念太子司马遹的真实写照。《晋书》中记载，当贾

① 《晋书·愍怀太子传》，第1457—1465页。
② 《文心雕龙注释》，第127—129页。

后伏诛后，太子东宫成为司马遹之子司马臧的官属，“五月，伦与太孙俱之东宫，太孙自西掖门出，车服侍从皆愍怀之旧也。到铜驼街，宫人哭，侍从者皆哽咽，路人抆泪焉”[①]。

通过分析《愍怀太子诔》，我们还不难发现为了增强“写哀”部分的表现力与抒情性，陆机有意识地对曹植的诔文从文辞、意象到句式等方面都进行了一定的借鉴和创新。例如，《愍怀太子诔》和曹植的《武帝诔》都是大约 130 句，两者序言皆为四言韵文。曹植描写举国为武帝哀悼的情景时写道：“如何不吊，祸钟圣躬”，“华夏饮泪，黎庶含悲”。[②] 而陆机诔文中的“如何不吊，暴离咎艰”，“普天扼腕，率土怀伤”与此类文辞意象非常类似。另一个例子是“王赫斯怒，天诛靡逋。搀抢叱扫，元凶服辜”。这与《武帝诔》中的“我王赫怒，戎车列陈，武卒虓阚，如雷如震。搀枪北扫，举不浃辰，绍遂奔北，河朔是宾”亦不无相似之处。[③] 此外，曹植于《王仲宣诔》中写哀情云：“虚廓无见，藏影蔽形。孰云仲宣，不闻其声。”[④]陆机的“庭旅旧物，堂有故臣。孰云太子，不见其人”亦仿佛从前者意境中巧妙化来，并加以新的艺术修辞手法。“天盖高而察卑兮，冀神明于我听。独郁伊而莫告兮，追顾景而怜形。”[⑤]这是曹植《文帝诔》中描写自身在痛失手足后哀痛无告的心情。陆机采用与之完全相同的意象，将曹植的骚体句转化为《愍怀太子诔》中自汉诔以来的传统四言韵文“谓天盖高，诉哀靡告。鞠躬引分，顾景摧剥”，以此来刻画司马遹临终前冤情与哀怨无处倾诉的情景。至于句式方面，从“惟天有命，太子膺之。惟皇有庆，太子承之”亦可联想到《武帝诔》中颇具气势的排比“茫茫四海，我王康之。微微汉嗣，我王匡之。群杰扇动，我王服之。喁喁黎庶，我王育之”[⑥]。作为晋代以来拟古诗的首创者，陆机在历史上亦以模仿创新而著称。由于曹植的文学作品也是陆机模仿创作的重要对象，这也就不

---

① 《晋书·愍怀太子传》，第 1457—1465 页。

② 曹植的《武帝诔》，见赵幼文《曹植集校注》，北京：人民文学出版社，1984 年，第 1 卷，198—206 页。

③ 《曹植集校注》，第 1 卷，198—206 页。

④ 《曹植集校注》，第 1 卷，163—173 页。

⑤ 《曹植集校注》，第 2 卷，341—356 页。

⑥ 《曹植集校注》，第 1 卷，198—206 页。

难理解为什么我们会在陆机的诔文中看到曹植的影响。①

由上述分析可见，陆机在《愍怀太子诔》中的创作表现和他提出的"诔缠绵而凄怆"的文学主张是相一致的。虽然文章主旨仍是"庶存芳烈"，是"述德"，但和前人为帝王皇族所做的诔文相比，陆机并未套用呆板凝滞的公文套话，而是采用了前所未有的一半多的篇幅比例来为愍怀太子鸣冤写哀，在抒情中穿插着叙事。以真实具体历史事件为依托的情感表达在此变得更为真挚感人。多种修辞手法的运用及对曹植诗歌的模仿借鉴，也大大增强了文章整体的抒情性和生动性。他成功地在西晋王朝形势严峻的政治舞台上，用他的文学才能充分展示了表达哀伤的艺术。从这个角度上来看，陆机无疑为诔文的发展创作作出了重要贡献。这也和魏晋时期诔文走向抒情化，表达充沛真情实感的发展方向相一致。

① 有关陆机常得益于曹植诗歌作品的讨论及观点，请参见陈恩良《陆机文学研究》，香港：光华书局，1977年，第169页。

罗香林教授和我的林纾翻译研究

◎ 马泰来[①]

摘要：

本文追述作者四十多年来考证林纾翻译所据底本的过程，特别是研究理念和方法，及罗香林教授的影响。

关键词：

林纾；翻译；底本；学术惰性；罗香林

Professor Lo Hsiang - lin's Role in My Study of Lin Shu's Translation

◎ Tai - loi Ma

Abstract:

The article tells how the author identifies the original works translated by Lin Shu over the last four decades, emphasizing his research philosophy and method. He also pays respect to the late Professor Lo Hsiang - lin (Luo Xianglin).

Keywords:

Lin Shu; translation; original works; academic inertia; Lo Hsiang - lin

这30多年来，我发表了多篇有关林纾(1852—1924)翻译作品的书目和文

---

① 马泰来，美国普林斯顿大学东亚图书馆及葛思德文库馆长(Director, East Asian Library and the Gest Collection, Princeton University)。

章，刊登在台北、香港、北京、上海和日本的刊物上[①]，颇为论者所称许。亦因此而认识林纾的女婿李家骥先生，和林纾的最重要合译者魏易(1880—1932)的女儿魏惟仪女士。

我的第一篇林译书目《林琴南所译小说书目》，承罗香林师推介，刊于1967年5月台湾"商务印书馆"发行的《出版月刊》。后来北京商务印书馆在1981年为八十五周年馆庆刊行《林译小说丛书》，其中《林纾的翻译》小册，除收入郑振铎(1898—1958)、钱钟书(1910—1998)和阿英(钱杏村，1900—1977)三大家的旧文外，初拟重刊拙目。幸蒙上海胡道静先生看到出版信息，急急相告，始克于该书初校期间换上修订颇大的新目《林纾翻译作品全目》。该目林薇称为"是搜罗最为完备，考订最为精审的一部林译书目，代表了八十年代的研究水平。其后的几种书目，都是在马泰来'全目'的基础上写成"[②]。但如果《林琴南所译小说书目》未曾面世，未为北京商务印书馆所知，新目不会被收入流传甚广的《林纾的翻译》(印数13000册)，亦不会成为今日研究林纾翻译的基本文献。

我少时已耳闻林纾翻译外文小说的故事，又从西方电影知晓一些林译译名，如：《块肉余生述》(*David Copperfield*)，《撒克逊劫后英雄略》(*Ivanhoe*)和《铸情》(*Romeo and Juliet*)。但直至我在1966年秋季进入香港大学中文系，才在大学的冯平山图书馆看到数十种林译，和林纾弟子朱羲胄《林畏庐先生学行谱记四种》内的林译书目。[③]

林纾一共翻译了英国哈葛德(Sir Henry Rider Haggard, 1856—1925)小说25种(其中二种未刊，恐已失佚)，比其他任何作家的作品都多，一直以来，颇为世人所病，认为误选二流作家，浪费精力。(钱钟书是罕有例外。)其实大多人云亦云，未曾阅览哈氏小说。五六十年代，香港英文中学采用Longman出版的英国文学简本，有多种哈氏小说，包括：*King Solomon's Mines*（林译《钟乳髑髅》)，*Allan Quatermain*（《斐洲烟水愁城录》），*Morning Star* 等。加上 *King*

---

① 较重要的是《林琴南所译小说书目》，《出版月刊》第24号，1967年5月；《林纾翻译作品全目》，收入《林纾的翻译》(北京：商务印书馆，1981年)；《林纾译书序文钩沉》，《清末小说研究》第6号，1982年12月；《林译提要二十二则》，收入《香港大学冯平山图书馆金禧纪念论文集》(香港：香港大学冯平山图书馆，1982年)；《林纾翻译作品原著补考》，《清末小说》第16号，1993年12月。

② 林薇：《百年沉浮——林纾研究综述》(天津：天津教育出版社，1990年)，第86页。

③ 冯平山图书馆所藏是台北世界书局1961年翻印本，改名《林琴南先生学行谱记四种》。

Solomon's Mines 和 *She*（《三千年艳尸记》）曾多次改编为电影，我对哈氏小说并不陌生。碰巧当时英国 Macdonald & Co.（Publisher）重新发行哈氏小说数十种，我取之和林译比对，始发觉朱羲胄目殊不可信。如《鬼山狼侠传》，原书为 *Nada the Lily*，朱目误为 *Cetywayo and His White Neighbours*；《英孝子火山报仇录》，原书为 *Montezuma's Daughter*，朱目误为 *Maiwa's Revenge*；《三千年艳尸记》，原书为 *She*，朱目误为 *Montezuma's Daughter*；《烟火马》，原书为 *The Brethren*，朱目误为 *Swallow*。而他人所编林译书目，如：寒光《近代中国翻译家林琴南》，《新中华》第 2 卷第 7 期（1934 年 4 月）；曾锦漳《林译小说研究（上）》，《新亚学报》第 7 卷第 2 期（1966 年 8 月），所误亦同。后方悉始作俑者是寒光。朱羲胄和他的老师林纾一样，不懂外文。曾锦漳虽懂英文，但盲从前人，全未置疑。"研究"林译小说，竟会未看过《三千年艳尸记》，认为原著是 *Montezuma's Daughter*，实匪夷所思。

时至今日，林纾译本已甚罕见。如曾锦漳仅见林译 29 种，约林译 1/6。以至编订林译书目者，大多未睹原书，转相贩抄，又或以意测度，未可为据。

我编订《林琴南所译小说书目》之初，所据为香港大学冯平山图书馆所藏林译单行本八十九种，及《东方杂志》、《小说月报》等杂志所刊载林译。1967 年初，香港大学中文系举办英人韦利（Arthur Waley，1889—1966）著译及林译小说展览，展出林译 97 种，皆罗香林师情商私人借出，其中有多种为冯平山图书馆乏藏。至此林译多已得读。

寻找外文原书则困难重重。林氏所译不少为 19 世纪末 20 世纪初欧美流行小说，时过境迁，在欧美亦不易觅见，遑论在香港。所以《林琴南所译小说书目》之编订，虽尽量比对原书，仍有依赖外文工具用书，测度原著书名，谬误与前人同。

1970 年，我赴美国芝加哥大学，进修东亚图书馆学，后在远东图书馆工作。适图书馆从香港购得林译小说 20 余种，大部分是商务印书馆原本，少部分是影印本，引起我重新编订林译书目的念头，遂遍访北美各大东亚图书馆，追寻林译。又承远方友好影寄林译首末书影。1981 年，《林纾翻译作品全目》完成，所著录林译，除未刊者外，未见原书或书影的，不过 6 种。

在美国寻找林译所据原著，远比在中国容易，但亦非唾手可得。例如林译小仲马(Alexandre Dumas, fils, 1824—1895)小说6种，芝加哥大学仅藏《巴黎茶花女遗事》(*La dame aux camelias*)及《九原可作》(*Le docteur servans*)二种。至于哈葛德的一些小说，亦多归入图书馆特藏部，阅览需特别申请。仅 *King Solomon's Mines* 及 *She* 二种尚未绝版，仍可在大部分书店购得。幸好美国图书馆馆际互借制度完善，我除亲访各地图书馆外，亦赖互借取得一些罕见西文小说。

《林纾翻译作品全目》录林译作品184种，计单行本137种，未刊23种，8种存稿本。共考出书名118种，其中46种补正前人所失考或误考。各书皆以林译首尾部分书影与原著比对，确保无误。

林纾不懂外文，一些原作者张冠李戴之误，皆应由合译者负责。可惜后来编订林译书目的人，亦未能指出错误，而其中错误有甚严重者。如林译托尔斯泰(Lev Nikolayevich Tolstoi, 1828—1910)《罗刹因果录》，收入中短篇小说八篇，其中《梭伦格言》(*As Rich As Croesus*)，并非托氏作品，而为美国人包鲁乌因(James Baldwin, 1841—1925)所撰儿童读物，见其 *Thirty More Famous Stories Retold* 。按：*Thirty More Famous Stories Retold* 在中国极流行，林译《秋灯谭屑》，选小说16篇，未收入《梭伦格言》。林译以外，全译者有李简(1925年)、杨时英(1934年)、黄深(1936年)，三书皆作《泰西三十轶事》[①]；近年又有张德懿、汪兴平译本，《西方三十轶事》(北京：学苑出版社，1993年)。不过《罗刹因果录》收入包鲁乌因故事，则一直未为人知。

林纾早期翻译每附序跋，可见其翻译缘起和感想。阿英《晚清文学丛钞·小说戏曲研究卷》[②]，收录林译64种序跋，最便查检。近人所编林纾书话，亦多转抄阿英书。我因搜集林译，得见阿英失录林译序跋三篇：Michael Haberlandt(1860—1940)《民种学》(*Volkerkunde*)译序，Thomas Arnold(1795—1842)《布匿第二次战纪》(*The Second Punic War*)译序和 John Gibson Lockhart(1794—1854)《拿破仑本纪》(*History of Napoleon Buonaparte*)译序。三书皆非小说，为林译研究提供一新方向。

---

① 北京图书馆编：《民国时期总书目(1911—1949)·外国文学》，北京：书目文献出版社，1987年，第37页。黄深译本，有1954年香港启明书局翻印本。

② 阿英：《晚清文学丛钞·小说戏曲研究卷》，北京：中华书局，1960年。

《林纾翻译作品全目》发表后，林译作品续有三种被发现。李家骥先生主编之《林纾翻译小说未刊九种》亦在 1994 年面世。[1] 我则再补考出原著六种。至于林译原书，我现未见的仅《滑铁庐战血余腥记》一种。近年又在北京各图书馆得见一些林译稿本，拟他日撰文论考，兼及李书失误处（如误并二书为一书，已刊书误为未刊）。

我的林译研究，无征不信，林译和外文原著都翻检原书，所以能补正前人失考及误考，提供可靠书目资料。饮水思源，如果 30 多年前没有罗香林师及香港大学冯平山图书馆提供百余种林译，和罗师的鼓励及推介，我可能不会开展我的林译原著考证。

后记：这是一篇十多年前的旧作，1998 年 12 月 19 日在香港举行的"罗香林教授逝世二十周年学术研讨会"上宣读，后收入《罗香林教授与香港史学——逝世二十周年纪念论文集》（香港，2006 年）。论文集未公开发行，流通不广。现略修订，补加后记。

"鸳鸯绣取从君看，要把金针度与人"，可是文章并未提到我如何考证林译原著。现在补加几个实例。

我的考证多先从作者入手。如知道作者名字，考证书名，一般不难。当然大前提是先找到林译或林译书影，可以比对。林纾前后翻译过哈葛德作品 25 种（其中二种未刊），而哈葛德是 Sir Henry Rider Haggard，人所共知。只要掌握林译和哈葛德英文原著比对，即可确认。但前人并不如此，一人误认，众人盲从，并未再花力气动手查对，以至不少林译哈葛德作品，一直缺乏原著书名，而附有书名的，又多讹误。寒光、朱羲胄、曾锦漳及韩迪厚四人皆误者八种，包括有名和易得的 *She*、*Nada the Lily*、*Montezuma's Daughter* 和 *Eric Brighteyes*。23 种林译哈葛德作品，原著书名我全部找到，包括补订其中 11 种书名，几达半数。

有些作者是要考订的。《沙利沙女王小纪》，作者伯明罕，应该是 Birmingham。我遍查当日小说家姓 Birmingham 者，找到 George A.

---

① 李家骥主编：《林纾翻译小说未刊九种》，福州：福建人民出版社，1994 年。

Birmingham (1865—1950)，再设法找他的作品。最后利用馆际互借，看到堪萨斯大学（University of Kansas）图书馆藏的 *The Island Mystery*，才晓得这不过是一冒险小说，不是朱羲胄所置的“传记轶事”。

Robert William Compton 和中村忠行，颇熟19世纪末20世纪初的侦探小说和间谍小说。他们提到了一些作者，我据之地毯式轰炸，尽量找他们的作品。这样我考证出魁特（William Le Queux，1864—1927）的《俄宫秘史》是 *The Secret Life of the Ex - Tsaritza*；亚波倭得（Allan Upward，1863—1926）的《赂史》是 *The Phantom Torpedo - boats*；蜚立伯倭本伦（E. Philips Oppenheim，1866—1946）的《藕孔避兵录》是 *The Secret*。

历史小说较易追访。《莲心藕缕缘》述 Charles Brandon (c. 1484—1545)和英王亨利第八之妹 Mary Tudor（1496—1533）的爱情故事，原著是 Charles Major(1856—1913)的 *When Knighthood Was in Flower*。我童年时看过据该书改编的电影 *The Sword and the Rose*（1953），依稀记得故事，一索即得。至于巴文（Marjorie Bowen，1856—1913）的《妖髡缳首记》（*Carnival of Florence*），谈的是 Medici 家族。

又如阿纳乐德（Thomas Arnold，1795—1842）的《布匿第二次战纪》，我初未见林译，猜想或述南非的 2nd Boer War，但遍查书目，一无所得。后来找到林译，方知道是关于加达斯（Carthage）名将韩尼伯（Hannibal，公元前247—公元前183或182）抗拒罗马大军始末的史籍。再考订原书，唾手即得，就是 *The Second Punic War*。

我前后找到了一些林译名著和传说的改写本的底本。《荒唐言》不是 *Faerie Queene*，而是麦里郝斯（Sophia H. Maclehose）改写的 *Tales from Spenser, Chosen from the Faerie Queene*。《怪董》是伯鲁夫因支（Thomas Bulfinch，1796—1867）的 *Legends of Charlemagne*。1916年至1925年，《小说月报》和《小说世界》先后刊登九篇林译的《坎特伯雷故事》（*Canterbury Tales*），但无说明，仅其中《林妖》（*The Wife of Bath's Tale: The Court of King Arthur*）署“曹西尔原著”，以致朱羲胄和 Robert William Compton 都误列其中《鸡谈》（*The Nun's Priest's Tale: The Cock and the Fox*）和《三少年遇死神》（*The Pardoner's Tale: The Death - slayers*）两篇于《红箧记》（*Seaward for the Foe*)名下。这九篇《坎特伯雷故事》原来皆出自 Charles Cowden Clarke (1787—1877)的 *Tales from Chaucer in Prose*,仅一篇未见(未译?)。这个发现我特别自豪。

最后,补充一些新材料。关于林译底本的考订,近年有长足的进展。我做林译底本考订时,全赖翻书,靠馆际互借;没有 Google,没有网上书籍可供阅读或购买。做研究最重要的仍是人,工具只能辅助,工具不会提出问题。近年樽本照雄、渡边浩司和张治等人对林译底本的考订,贡献最大。

拙文《林译遗稿及〈林纾翻译小说未刊九种〉评介》,先后刊于《清末小说》第 31 号,2008 年 12 月;及《图书为媒,沟通中西》(南京,南京大学出版社,2010 年)。前者附有林译稿本珍贵插图多幅。

林译《民种学》现已为学术界重视,见 Jing Tsu (石静远), *Failure, Nationalism, and Literature: The Making of Modern Chinese Identity, 1895—1937* (Stanford: Stanford University Press, 2005), pp. 69—71.

先师罗香林教授,早岁肄业清华大学史学系及国学研究院,受业于梁启超及陈寅恪等大师,又为朱希祖爱婿。1951 年受聘于香港大学中文系,1964 年任系主任 ,1968 年荣休。1978 年 4 月 20 日去世。我在香港大学时,从罗师念唐史、明史、中西交通史及香港前代史。

罗师于 1936 年至抗日战争胜利,任广州市中山图书馆(即今日广东省立中山图书馆)第二任馆长,乃图书馆界前辈——其前任为杜定友,继任则为其夫人朱倓。

粟特文残片 M 7800 译释[①]

——摩尼教《大力士经》研究

◎ 马小鹤[②]

摘要：

摩尼的《大力士经》不仅包括四大天使打败和囚禁二百个妖魔的故事，而且还应该包括妖魔沙克伦和佩苏斯创造人类的故事。四大天使与二百个妖魔的故事当出自犹太教的《以诺书》。妖魔沙克伦的故事则可能出自科普特文灵知派经书中的《亚当启示录》、《埃及人福音》、《约翰密传》和《掌权者的本质》。

关键词：

摩尼；《大力士经》；《以诺书》；科普特文灵知派经书

Translation and Notes of Sogdian Fragment M 7800：Study on Manichaean *Book of the Giants*

◎ Xiaohe Ma

Abstract：

Book of the Giants of Mani should include not only the story of defeat and imprisonment of 200 demons by 4 angels, but also the story of the creation of human by demons šaqlūn and Pēsūs. The story of 200 demons and 4 angels may originate from the Jewish *Book of Enoch*. And the story of demon šaqlūn may come from *The Apocalypse of Adam*, *The Gospel of the Egyptians*, *The Apocryphon of John and The Hypostasis of the Archons* in *The Coptic gnostic library*.

---

① 本文是复旦大学“985 工程”哲学社会科学创新基地研究项目资助的成果之一。

② 马小鹤，现任哈佛大学哈佛燕京图书馆中文馆员，复旦大学文史研究院特约研究员。

Keywords:

Mani;*Book of the Giants*;*Book of Enoch*;*The Coptic gnostic library*

伊朗学家恒宁(Walter Bruno Henning,1908—1967 年)于 1934 年发表《摩尼教以诺书》,于 1943 年发表《〈大力士经〉考》,①从此学界才逐渐知悉摩尼亲撰经典《大力士经》的基本内容:净风(the Living Spirit)在其诸子的帮助下,将暗魔囚禁起来,这些暗魔起而叛逆。这些暗魔传统上被称为"守望者"(亚兰语 'īr、希腊语 *egrḗgoros*、粟特语 *pāše*),他们的两百个首领来到地上,奴役人类,建立暴政,与人类的女儿交媾,生下巨人(亚兰语 * *gabbārē*、希腊文 *gígantes*、科普特文 *nngigas*、中古波斯文 *kawān*、粟特文 *kawišt*)。现存的残片描写了暗魔之间的纷争,他们杀害 40 万义人,以及暗魔在可怕的噩梦中梦见自己的毁灭。暗魔为了得到这些噩梦的解释,派巨人马哈怀(中古波斯文、粟特文 *m'hwy*)到天上的使徒以诺(中古波斯文 *hwnwx*、回鹘文 *Xonug*)那里去。最后四大天使制止了"守望者"的恶行,把他们囚禁起来,诛灭其子——巨人。②

1. 粟特文残片 M 7800 与中古波斯文残片 M 101 i

恒宁在《〈大力士经〉考》中,只刊布了粟特文对折纸 T ii 的一纸,作为资料 G。宗德曼(Werner Sundermann,1935 年—)在 1994 年发表的一篇论文中说到,恒宁《〈大力士经〉考》刊布的资料 G 即粟特文文书 T ii(新编号 M7800)的一纸,而另一纸从未刊布,且整个文书不知所终,直到 1988 年他才在哥廷根大学图书馆里发现其清晰的照片,释读并英译了另一纸。恒宁当年之所以没有将另一纸包括在《大力士经》资料中,可能他认为其内容并不属于《大力士经》。事实上,另一纸所叙述的流产怪物沙克伦(Ŝaqlūn)和佩苏斯(Pēsūs)的故事可能在大力士故事前面或后面 8—12 页,或许也属于《大力士经》。宗德曼刊布的一纸字体比恒宁刊布的一纸字体稍大,但是,这并不能排除二纸都是《大力士经》残

① Henning 1934,Henning 1943。

② 关于《大力士经》,参阅 Stroumsa 1984,161—167;Lieu 1992,80—85;宗德曼 2001 年为《伊朗学百科全书》写的词条:http://www.iranica.com/articles/giants - the - book - of

片的可能性。宗德曼本来希望从文书四周的回鹘文笔记中探明此文书的题目，但是突厥学家茨默(Peter Zieme)释读以后告诉宗德曼，回鹘文笔记的作者甚至并不明白文书的主题，只是含糊地将其称为"波斯文书"。宗德曼提出《大力士经》遵循了《克弗来亚》第38章一样的思想线索与倡导一样的伦理。[①]

博伊斯(Mary Boyce，1920—2006)的《德国吐鲁番藏品中摩尼字体伊朗语写卷目录》编号为M 7800的文书[②]上没有原始编号，夹着这份文书的玻璃板上贴了标签"T II"，加一个手写的希腊大写字母"Ξ"。文书为对折纸，二纸均双面书写，正面背面各19行，计38行。[③]

M 7800(旧编号T ii Ξ)二纸孰先孰后，殊难决定，本文按照惯例，仍然将恒宁考释的一纸作为第一纸(I)，而将宗德曼考释的一纸作为第二纸(II)。[④] 这也符合《克弗来亚》第38章的叙事顺序。

M 7800=T ii/I/为恒宁所释读，现据恒宁和施杰我的英译本[⑤]译释如下：

题目：(关于)四天使(İV fryštyt)与两百个[魔鬼……]的宣告

……他们捕获和囚禁了所有天上的帮手们("wmr'zṯ)[⑥]。天使们自己从天上降临地下。(当)两百个魔鬼(CC δywṯ)看到那些天使时，他们非常害怕和担忧。他们伪装成人形，把自己隐藏起来。因此天使们强行把人和魔鬼分开，把他们置于一边，派了看守(p'šyyṯ)[⑦]监管他们……大力士们

① Sundermann 1994，44—48.

② 图版见德国藏吐鲁番文书：http://www.bbaw.de/forschung/turfanforschung/dta/m/images/m7800a_seite1.jpg http://www.bbaw.de/forschung/turfanforschung/dta/m/images/m7800a_seite2.jpg

③ Boyce 1960，p.131.这份文书简单地被称为T II，为了避免T II I和II造成混乱，恒宁把二纸分别称为A和B，称其中一纸为T II，B。在格施威彻(Ilya Gershevitch，1914—2001)的《摩尼文粟特语语法》中，逗号被去掉了，二纸分别称为T ii和T ii B，对个别词汇作了研究。见Gershevitch 1954，§§980，825，727，1336，493 n，1572，1415，1235.

④ Lieu 1998，p.230.

⑤ Henning 1943，pp. 68—69；Skjærvø，1995，pp.215—216.

⑥ "wmr'z，复数"wmr'zṯ，可能指被钉在天上的诸魔。参阅Epiphanius 1987，v.2，p.254. Reeves 1992，p.160，n. 384. Gharib 1995，§317 (p.12).

⑦ p'šy，复数p'šyyṯ，见Gharib 1995，§6514 (p.261)。宗德曼认为，可能指负责监管大量被囚妖魔、巨人和罪人的受罚天使。参阅：Sundermann 1994，43。

(kwyšṯ)……是儿子们……互相认同……互相自我……给他们生育的……,他们强行把他们从魔鬼中分出来。他们率领其半数向东,另外半数向西,沿着四座大山的边缘,向须弥山脚(smyrγryy)而去,进入净风(w'δjywndyḥ)开初为他们准备的三十二镇(xxxii knδ)。人称其为雅利安—怀赞('ry'nwyjn)。[1] 那些人是……最初的奇技淫巧……他们制作……天使们……以及对魔鬼……他们前去战斗。那两百个魔鬼与[四天使]苦斗,直到[天使们使用了]火("tr)、石油(nfṯṯ)和硫磺(γwqṯṯ)……

恒宁指出,此处的"火、石油和硫磺"也见于《大力士经》中古波斯文残片 M 101 i,[2]根据其释读、英译,[3]翻译有关部分如下:

……许多……被杀了,四十万义人('rd'w'n)……火('dwr)、石油(npt)和硫磺(gwgyrd)……天使们(prystg'n)庇护以诺(hwnwx)。选民们(wcydgc'n'n)和听者们(nyw 'šgc'n"n)……

M 7800=T ii/II/为宗德曼所释读,现据其英译本[4]译释如下:

题目/背面 论

题目/正面 流产魔鬼(pš'qṯ δywtyy)

正面1/ 他们在树林里吞噬果实。

2/ 当流产怪物(p 'škṯ)掉下来时

3/ 他们开始饮水

① 'ry'nwyj'n,一作 'ry'nwyjn,词源是 aryana - vaēja(埃朗维杰),见 Gharib 1995, §1525 (p. 60)."雅利安大地",为神话中古代印度—伊朗人的故乡。参阅 Reeves 1992, p. 160, n. 387. 守望者的孩子们与雅利安—怀赞的居民均被认为是奇技淫巧的发明者(或最初的使用者)。Henning 1943, p. 55.

② 照片见:http://www.bbaw.de/forschung/turfanforschung/dta/m/images/m0101i_seite1.jpg http://www.bbaw.de/forschung/turfanforschung/dta/m/images/m0101i_seite2.jpg

③ Henning 1943, pp. 58, 62.

④ Sundermann 1994, 45—46.

4/ 自井中，并吞噬果实

5/ 自树林中。日神(myδry βγyy)的美丽

6/ 他们还记得。

7/ 他们开始寻找(他)。于是

8/ 死亡之思——贪魔(”z)以两个

9/ 流产魔鬼——沙克伦(šqlwn)和

10/ 佩苏斯(pysws)为外衣，以

11/ 沙克伦的声音，她发[出]

12/ [命]令[给其]他流产怪物：

13/ “你们，不要向上仰望，

14/ 因为他是你们的敌人。

15/ 但是，现在

16/ 去吧，你们，雄的和雌的，

17/ 进行交媾，互相满足

18/ 欲望。

19/ 生养孩子，一个一个地

背面1/ 把你们的流产物带给我，

2/ 我将造立

3/ 这样一样东西，使你们

4/ 再也不用向上仰望

5/ 天空。”而

6/ 流产怪物们接受了这个命令，

7/ 他们奉命而行。他们把

8/ 八万个流产怪物带到

9/ 沙克伦和佩苏斯面前。

10/ 他们接受了它们，

11/ 他们一个[一个地](?)上场。

12/ 沙克伦吞噬了[四]万个

13/ 流产怪物，佩苏斯

14/ 四万个。他们

15/ 互相交配，

16/ 他们这样说："朝思

17/ 暮想，我们对

18/ 日神就是如此，

19/ 从我们生出来的东西[将像日月(?)之]神。

2. 安息文残片 M828

安息文文书 M828 也是摩尼《大力士经》残片之一，虽然没有保存沙克伦和佩苏斯的名字，但是也包括亚当、夏娃的故事：①

/R/I/ 1 [ ] 那两个

2 [ ]

3 [ ]罪妇夏娃(hw'y)

4 [ ](信奉)宗教的亚当('d'm)

5 [ ]第三次和

6 [ ]清净

/R/II/ 1 苍生、* 禽兽[ ]

2 犹如种族[ ]

/V/I 1 他们[* 降临]大地，因为

2 妇女的美丽，

3 * 就像攻击者在……中间

4……他们从……来到……

/V/II/Ü

1 肉

① Sundermann, 1973, pp. 76—77, text 20; Reeves, 1992, p. 75; Skjærvø, 1995, p. 196.

2 血

3 ……

4 ……

5 *发式……

6 巨大的*痛苦

7 ……

这份文书印证,沙克伦和佩苏斯造出亚当、夏娃的故事很可能是《大力士经》的一个组成部分。

3.《以诺一书》

恒宁刊布的 M 7800/I/与《以诺一书》的密切关系确切无疑。恒宁早在1934年就根据中古波斯文文书 M299a 推测摩尼阅读过《以诺书》之类的作品,并在自己的写作中借用其人物与叙事。恒宁1943年刊布的《〈大力士经〉考》建议,摩尼利用希伯来文《以诺书》的亚兰文译本的素材来撰写其经典《大力士经》。后来有两项重大考古发现证明了恒宁的先见之明。第一项发现是1947年在死海西北端的昆兰地区发现了一个藏经书的古洞,此后十余年间发现藏经洞十一处,文书约四万余残片,整理出八百余部完整程度各异的著作。其中就有亚兰文《以诺书》和《巨人书》,虽然残缺不全,但是对考证埃塞俄比亚文《以诺书》(即《以诺一书》)至为重要,并进一步证明摩尼确有可能阅读过亚兰文《以诺书》和《巨人书》。[①] 第二个重大发现是1969年在德国科隆大学图书馆发现了希腊文《科隆摩尼古卷》,其中不仅提及以诺(Ενωχ),而且还有一段《以诺启示录》(*The Apocalypse of Enoch*)引文,与《以诺一书》高度相关,进一步证实摩尼对《以诺书》是熟悉的,并且是其宗教思想的来源之一。[②]

埃塞俄比亚文、亚兰文、希腊文、叙利亚文等抄本合校《以诺一书》第6—11章讲述了这样一个故事:那时人类之子不断繁衍,他们生养了漂亮而标致的女

① Milik 1976.

② Reeves 1996, pp. 39—42, 183—198.

儿。守望者（希腊文 ἐγρήγοροι）——上天之子看到了她们，希望得到她们。……他们一共 200 个，在贾雷德的时代从天上降临到赫蒙山山顶。……这些十夫长以及与其一起的其他守望者都为自己娶了他们选择的女人为妻。他们教她们巫术和符咒，教她们砍伐树根和植物。她们受孕并给他们生了巨人。巨人（希腊文 γίγαντες）生了内菲林（希腊文 Ναφηλείμ），内菲林生了埃利欧德（'Ἐλιούδ）。他们长得其大无比，吞噬了所有人类之子的劳动产品，人类不能供应他们了。巨人就开始杀人和吞噬他们，对禽兽虫鱼造孽，并互相吞噬。然后大地控告这些无法无天之徒。……人类正在灭亡，哀号直达天上。然后米迦勒（Micha'el，亚兰文 מיכאל）、沙逆夜（Sari'el，שריאל）、拉法叶尔（Rapha'el，רפאל）和加百列（Gabri'el，גבריאל）[①]从天上的圣堂往下看大地，看到大地上血流成河。米迦勒等四天使把情况向上帝报告，上帝派沙逆夜去告诉挪亚末日即将来临，教他怎样躲过此难。上帝派拉法叶尔、米迦勒去把守望者捆绑起来，将他们永远囚禁。上帝派加百列去毁灭巨人。米迦勒将使大地复苏。[②]

恒宁释读的 M 7800/I/中粟特文 fryšty，复数 fryštyt，意为"使者、天使、使徒"，见于多种摩尼教、基督教文献；[③]"四天使（ⅳ fryštyt）"即相当于《以诺书》中的米迦勒等四个大天使。粟特文 δyw，复数 δywt，词源是古伊朗语 daiva，泛指魔鬼，见于摩尼教、佛教文献，《善恶因果经》翻译为"鬼"。[④]"两百个魔鬼（CC δywṯ）"就是 200 个守望者（ἐγρήγοροι）。粟特文 qwy，复数 kwyšt，词源是阿维斯陀语 kavi，一般意为"巨人、英雄"。[⑤]在中古波斯文、安息文摩尼教文献中，广泛使用 k'w，意为"王子、领主、巨人"；kawān 意为《巨人之（经）》，汉文音译"俱缓"，意译《大力士经》。[⑥]粟特文"大力士（kwyšṯ）"就是《以诺书》中的巨人（γίγαντεζ）。

---

① 在以后的摩尼教文献中，比《以诺书》的希腊文和埃塞俄比亚一本更忠实地保留了这四大天使的名字，中古波斯文作 myx'yl、sr'yl、rwp'yl 和 gbr'yl，汉文福建霞浦文书《兴福祖庆诞科·请护法文》等写作弥诃逸啰、娑啰逸啰、嚧缚逸啰、嘆缚啰逸啰。参阅马小鹤 2010。

② Nickelsburg 2001, pp. 174—228.

③ Gharib 1995, § 3968 (p. 157).

④ Gharib 1995, § 3798 (p. 150).　Mackenzie 1976, II, pp. 210, 204.

⑤ Gharib 1995, § 5072 (p. 202).

⑥ 参阅 Durkin 2004, p. 203.

恒宁之所以没有把 M 7800/II/包括在其《大力士经》辑佚中，很可能他认为其内容不属于《以诺一书》系统。即使圣经学家米利克（Jozef T. Milik, 1922—2006）等学者从死海古卷中检出一些亚兰文《以诺一书》、《巨人书》残片，又经过后来的学者努力缀合，我们今天知道了恒宁 1943 年不知道的一些资料，但仍未在《以诺一书》、《巨人书》中找到与 M 7800/II/相应的资料。那么 M 7800/II/中流产魔鬼沙克伦的故事是否另有渊源呢？

4. 流产魔鬼沙克伦探源

流产魔鬼沙克伦的故事可能出自拿戈·玛第抄本（Nag Hammadi Codices）的科普特文经书之类的文献。《科隆摩尼古卷》中不仅有一段《以诺启示录》的引文，还有一段《亚当启示录》的引文，虽然学者并没有在拿戈·玛第抄本中的同名著作中发现其出处，但是，摩尼应该相当熟悉这一类著作，并将其素材吸收到自己的著作中去。①

拿戈·玛第抄本中的《亚当启示录》也许是属于公元 1、2 世纪的作品，记载的是亚当从来访的三位天国使者那里所领受的启示，他将这启示叙述给儿子塞特听：

> 然后属于含、闪后裔的另一些人要来，四百千（＝四十万）个男子，要进入另外一地，与出自伟大的永生知识（γνῶσιζ）者同住。……
>
> …………
>
> ……他们要到他们的神撒克拉（Σακλα）那里去。他们要到众权势那里去，控告那些在其荣耀中的伟人。
>
> 他们要对撒克拉说："那些站在你面前的含、闪后裔，为数四百＜千＞的人，他们的能力是什么呢？……"
>
> ……因为他们的灵魂不是出于污秽之手，而是出自一位永生天使的大诫命。于是要有火焰、硫磺和沥青（αμρη ϩ ε）落在那些人身上，有火焰和

---

① Reeves 1996, pp. 33－35, 67—88.

(使人眼瞎的)烟雾笼罩那些永世,启示者的能力之眼将会暗淡,在那些日子里,他们将看不到众永世。[①]

摩尼很可能从类似的文献里吸取了三个素材。一,四十万闪、含后裔即义人,摩尼讲到义人时借用了“四十万”这个数字。

第二个素材,在《亚当启示录》中义人们遭到“火焰、硫磺和沥青”的攻击。恒宁原来在《大力士经》残片 M 101 i 中翻译成:“四十万义人……火、石油(naphtha)和硫磺”,可以理解为四十万义人遭到火焰、沥青(pitch)和硫磺的攻击。

第三个素材是撒克拉(Σακλα),M 7800/II/中的沙克伦(? qlwn)即其异写。《亚当启示录》中的撒克拉被称为神(π－νουτε＝ ὁθεόζ),缺少专门术语与真神区分开来,可能说明《亚当启示录》撰写的年代较早。[②] 撒克拉是造物主,造了亚当和夏娃的肉体,亚当、夏娃失去了灵知(γνῶσιζ),但灵知却传给了塞特和他的后裔。撒克拉试图用洪水和大火毁灭人类,但灵知仍得保存,直到“启示者”——救主第三次降临。

在拿戈·玛第遗书中,《埃及人福音》好像是基督教化的《亚当启示录》。《埃及人福音》描述了塞特派(Sethian)神话类型的灵知主义。这部作品分为四大部分。第一部分讲述属天世界的起源:至高上帝居住在远不可及的高天,他是至大不可分的灵,从他流溢出一系列荣耀体,最低的是阿达马斯(Adamas)之子塞特。第二部分讲到世界掌权者的产生:

……[这时]大[天使(ἄγγελοζ)]撒克拉(Σακλα)[看见与他一起的]大魔(δαίμων)[内布]尔(Νεβρουηλ)。他们合在一起成为生养大地的灵。[他们生育了]辅助的天使。撒克拉对[大魔内布]尔说:“让十二个永世出现于

---

① MacRae 2000, pp. 168—175. 杨克勤 1994,卷中,页 122—126。Stroumsa 1984, pp. 85—86 指出,四十万闪、含后裔的性质比较复杂;pp. 165—166 提出可能有过神知派的《大力士经》,摩尼可能即从中取材,但尚无足够的证据证明这一点。

② Stroumsa 1984, p. 82.

［那］永世，诸世界。……[①]

因着撒克拉(Sakla)及众掌权者的狂傲和敌意，塞特从天上下来。他披戴耶稣作为血肉外衣，为自己的儿女成全了救恩。

博伊斯1951年考证安息文文书M741时说，恒宁告诉她，pysws(Pēsūs)这个名字见于粟特文与安息文写本，指沙克伦(Šaklōn)的配偶，也即生养亚当、夏娃的大雌兽，在狄奥多若(巴尔库尼)(Theodore bar Koni)的著作中写作Namraël，在叙利亚人米迦勒(Michael the Syrian)的著作中写作Nabrōël。[②] M7800/II/中的pysws即Νεβρουηλ的异名，摩尼可能是从《埃及人福音》之类文献中借用这个素材的。

《亚当启示录》采用了几段《创世记》故事的材料，但却没有完全按照《创世记》的原文来写作，反倒是《约翰密传》与《掌权者的本质》这类作品比较拘泥于原文，这两种拿戈·玛第抄本都采用了撒克拉的故事。《约翰密传》采用希腊哲学"完美"的抽象概念来定义最高神，从这位最高神流溢出一系列光明体。光明体索非亚(Sophia，意为"智慧")想不与其配偶大灵合作，光靠自己创生出新的存有来。结果她造出了盲目愚蠢的神，即造物主雅他巴沃(Yaltabaoth)。他造出众天使来统治世界，众天使也帮助他造人。《约翰密传》这样描写掌权者：

这软弱的掌权者(ἄρχων)有三个名字。第一个名字是雅他巴沃，第二个是撒克拉斯(Σακλαζ)，第三个撒玛埃尔。[③]

撒克拉斯显然为撒克拉的异写。《掌权者的本质》的写作时间大约是3世纪，显然不会晚于4世纪，大天使艾莱斯也讲述了索非亚(智慧)创造撒克拉的故事：

"……那被称为庇第斯的索非亚想要不与其配偶合作而自己创造某一

① Böhlig & Wisse，2000，pp.29，118—126；杨克勤，1994，卷中，页32，41—42。

② Boyce 1951，p.910. Durkin 2004，p.290.

③ Waldstein 2000，pp.69—71. 杨克勤，卷上，页124—125，133。

事物；她所创造的事物是属天的。

“在上界与下界之间隔了一层纱幕；纱幕的下面是阴影；阴影化为物质；阴影分散投影出来。她所创造的事物成了物质的产物，如同一个堕掉的胎儿。……

…………

“于是庇第斯·索非亚的女儿宙（生命）对他说，‘你错了，撒克拉（Σακλα）！’——其异名是雅他巴沃。……”……[①]

《掌权者的本质》中的ϩου ϩε（hǒuhě）意为“流产”，这个词汇在摩尼教科普特文《克弗来亚》中出现十多次，也见于《摩尼教赞美诗第二集》。[②] 摩尼的“流产物”（粟特文 M7800/II 写作 pš'q）的神话可能渊源自拿戈·玛第遗书之类的文献。[③]

希坡律陀（Hippolytus，约 170—约 236）的《反驳所有异端》中特别反驳了当时盛行的神知派系。此书详细描述了华伦提奴派的神学：最高神被称为“父”，他产生出一系列永世，众永世中最后一个名索非亚，决定像“父”一样单独产生某一事物，她不与男性神配对，只能产生出没有形式的、不完美的埃克特罗马（□κτρωμα，流产胎儿）。众永世请求“父”使索非亚安心：

……因为她对自己产生的、他们所称的埃克特罗马痛哭流涕，悲叹不已。“父”对索非亚的眼泪很同情，接受了众永世的请求，下令产生更多的（事物）。他自己并不产生，而是诺斯（Nous，神知）和亚雷提亚（Aletheia，真理）产生，（他们产生了）基督（Christ）和圣灵（Holy Spirit），以使埃克特罗马成形和分离，使索非亚得到安慰，不再呻吟。……当诺斯和亚雷提亚

① Layton 2000，pp. 252—255. 杨克勤，卷上，页 198—200，206—207。

② Layton 2000，p. 331；Crum 1939，pp. 739b—740a；Clackson 1998，p. 171.

③ 传统上有不少学者认为，摩尼教的“流产怪物”可能与《旧约·创世记》第 6 章第 4 节有关：“当时，地上住着一些巨人（nephilim），他们后来也存在，当神的儿子和那些人类的女儿结婚以后，她们就为他们生养（孩子）。他们是古之强人、名人。”犹太传统中有一种解释，把 nephilim 读为 nephalim，意为“流产”，摩尼可能接受了这种解释。但是在摩尼教文献中并未发现 nephilim 一词。Reeves，1992，p. 71. 参阅 Stuckenbruck，1997，p. 112，note 112.

产生了新增加的基督和圣灵，他立刻把索非亚没有配偶而生的混沌一团、独一无二的埃克特罗马与众永世分开，从而使完美的众永世不至于因为见其混沌一团而受窘。

为了使埃克特罗马的混沌一团不向完美的永世展示，“父”又产生了另一个永世——十字架(Cross)：他是强大完美之父产生的伟大(永世)，生来保护和捍卫众永世，他成为沛若芒(Pleroma，充实)的界限，在其内同时有以前产生的三十个永世。……

…………

……因此，救世主耶稣(Jesus)由玛利亚(Mary)所生，他能整顿此间诸事，就像基督由上界的诺斯和亚雷提亚额外所生，整顿外部索非亚的激情——埃克特罗马。[①]

爱仁纽(St. Irenaeus，约130—约200)的《驳异端》叙述的华伦提奴派神学大致相同，将索非亚所生的永世称为阿克马特(Achamoth)，说“她置于光明与沛若芒之外，混沌无形，就像流产物(ἔκτρωμα)，因为她一无所知”[②]。

希腊文ἔκτρωμα，转写为ectroma(埃克特罗马)，意为流产物，[③]在华伦提奴派神学中指索非亚所生的混沌一团的永世，以后发展为人类所居住的这个世界。摩尼教受到华伦提奴派的影响，[④]摩尼教的流产怪物可能就出自华伦提奴派的埃克特罗马，希腊文信仰表白书《七章》中包括否认有关流产怪物的信条，用的就是ἔκτρωμα这个词，详见下文。

5. 摩尼教中的守望者、大力士、流产魔鬼与沙克伦

摩尼教科普特文《克弗来亚》第56章的题目就是“关于撒克拉斯及其权

---

① Hippolytus, Ref. VI 31, 2－5; 36, 3; Hippolytus, 1860, pp. 285－286; 298; Hippolytus, 1921, v. 2, pp. 28－29; 35; Foerster, 1972－1974, v. 1, pp. 184－188; 193.

② Irenaeus, 1993, pp. 146－147; Foerster, 1972－1974, v. 1, p. 133.

③ Sophocles, 1870, p. 445.

④ Lieu, 1998, p. 62.

力”。一开始弟子们向觉者(即摩尼)提问:

所有这些流产怪物(ϩου ϩε)造立了亚当和夏娃,他们当中有撒克拉斯(Σακλᾶζ)及其配偶,以及侍候他们的流产怪物[……]。他们是怎样发现塑造其形的这个美丽形象的?当这个美丽形象向其父亲们展现的时候,他们还并不存在。他们从来没有看见过使者(πρεσβευτήζ)的形象!他们是怎样获得使者形象的印记的?他们把它加在亚当和夏娃的形体上。①

这里所说的使者即第三使,即 M7800/II 中的日神(myδry βγyy),在汉文中称为“日光佛”。《下部赞》第 42—43 颂写道:“大圣自是吉祥时,普曜我等诸明性。妙色世间无有比,神通变现复如是:或现童男微妙相,癫发五种雌魔类;或现童女端严身,狂乱五种雄魔党。”②这段文字虽然在《赞夷数文》中,讲的却是第三使的故事:光明处女(电光佛)化为美女,裸体于众魔面前,众雄魔把身上的光明分子随同精液射泄出来,有的掉到海里,变成怪物,有的掉到陆地上,变成植物。第三使化为童男,裸体于众魔面前,原来已怀孕的众雌魔纷纷流产,流产物掉到地上,变成五类动物。撒克拉斯等当为众雌魔的流产怪物,因此说当第三使的美丽形象向其父亲们——众雄魔展现的时候,流产魔鬼还不存在。摩尼接着向其弟子解释:看到过第三使美丽形象的魔鬼将这种记忆传给下一代,传给了流产魔鬼。

《克弗来亚》第 45 章讲述光明力量怎样准备各种监狱,囚禁和控制罪恶力量:

在流产怪物(ϩου ϩε)[掉到……]地上之前,也留出[……]他们被收集和住在其中。

在守望者(ἔγρηγόροζ)背叛和从天上下来以前,在大地深处,在群山之下,为他们制作和建造了一座监狱。

在没有正义之知识和神性的大力士诸子(ν—ϣηρε νν—γιγαζ)出生之

① Polotsky and Böhlig, 1940, p. 137; Gardner 1995, pp. 144—145.

② 芮传明 2009,页 389。

前，为他们指定和建[造了]三十六个城镇(μ̄ μαβτσεσε μ̄ πολιζ)，[大力士的]孩子们将住在其中；他们将相互(交配)生育，他们将生活一千年。①

在这段不长的文字中，守望者、巨人与流产怪物出现在同一个故事里。粟特文书M7800/I/里面讲到的“三十二镇(xxxii knδ)”当与这里的“三十六个城镇”同出于《大力士经》，不过M7800/I/受佛经影响，使用了“三十二”这个数字。根据佛经，须弥山半有四大天王宫殿；须弥山上，有三十三宫殿，中央之宫殿为帝释所住，即善见城，四方各有八城。② 2010年吉田丰刊布的日本私人收藏的摩尼教《宇宙图》上，在十天八地之间绘有须弥山，山顶上的大殿当代表善见城；其前面有四个合掌跪着的神，当为四天王；再前面是三十二个宫殿。吉田丰指出，这相当符合粟特文文献(M7800 I)的描述(图版1)。③ 显然，在佛教绘画的外衣下，表现的是摩尼教的内容：四天王实为摩尼教中镇压大力士的四大天使，三十二个宫殿即为囚禁大力士之处。

《克弗来亚》第38章中说明净风五子分别管辖五个辖区，本文只分析其中两个，即尊贵的王(十天大王)和光明的阿大姆斯(降魔胜使)的辖区：

现在注意，看：与“心(ἔννοια)”相应的尊贵的王居住在第三层天上。他是……带着忿怒……而一次造反[发生了]！背叛和忿怒发生在他的营盘中。在其辖区中的天上的守望者(ἐγρηγόροζ)下降到大地上，他们恶贯满盈。他们在世界上泄露奇技淫巧，把天上的秘密泄漏给人类。叛乱与毁灭笼罩了大地……

阿大姆斯[……]“具足”。他坚定镇守……一次叛逆发生在他的营盘里；这时流产怪物(ϩου ϩε)掉到地上。他们造了亚当和夏娃。他们生了他们，以便通过他们统治这个世界。……他们也迫害教会。他们一次又一次地、一代又一代地杀害光明的阿大姆斯辖区里的使徒和义人。

……

① Polotsky and Böhlig, 1940, pp. 116—117; Gardner 1995, pp. 122—123.

② 星云大师1993，卷1，页512；卷6，页5364—5365。

③ 吉田丰，2010，页10，图版4。

因为在尊贵的王的辖区中发生了造反与叛乱，即来自天上的守望者下降到大地上；四个天使被召唤出来对付他们。他们用永久的锁链把守望者囚禁在黑暗(?)的牢狱中。[他]们将其后裔毁灭在大地上。

然后，流产怪物下降到阿大姆斯的辖区，生了亚当和夏娃；因为发生了巨大的叛逆，和邪恶的秘密，他派耶稣[……]五个儿子的祈祷。他接纳了他们[……]流产怪物。他把他们绑缚在下面[……]亚当的心灵。①

这里虽然没有 M7800 那样多的细节，但是守望者和大力士的造反，向人类传授奇技淫巧，遭到四大天使的镇压，流产怪物生了亚当、夏娃，这些主要之点都与 M7800 一致。《克弗来亚》第 38 章很可能是根据《大力士经》改写的，把许多细节压缩了，但是保存了其要点。东方摩尼教伊朗语《惠明经》(*Traité*/《残经》为其汉译本)则作了进一步的压缩，以至于很难辨认出《大力士经》的痕迹。宗德曼校勘的安息文《惠明经》残片第 5—8 节写道：

五类魔军被囚禁在地和天当中，受制于十三种力量：五明子和净风五子(pnj w'd jywndg pwhr'n)以及呼嚧瑟德和勃喽获德和第十三光耀柱。五明子就像监狱，五类魔军就像监狱里的囚犯。净风五子就像典狱官。说听和唤应就像更夫。光耀柱就像普世之王。贪魔("z)看到微妙的形象，令沙克伦(šqlwn)和佩苏斯(pysws)造立自己的创造物。它就这样造成一个小世界，各个方面都仿照大世界：……与模样、十层天、星宿与所有的……、八地与其中的魔鬼(dyw'n)……。②

与此相应的 *Traité*/《残经》林悟殊校本第 16—26 行写道：

建立世界禁五类魔。皆于十三光明大力以为囚缚。其十三种大勇力者：先意、净风各五明子，及呼嚧瑟德、嘞喽嚄德，并窣路沙罗夷等。其五明身犹如牢狱，五类魔同彼狱囚，净风五子如掌狱官，说听、唤应如喝更者，其

① Polotsky and Böhlig, 1940, pp. 92—93; Gardner 1995, pp. 97—98.

② Sundermann, 1992, pp. 45—46, 62—63, 80—83.

第十三窣路沙罗夷如断事王。于是贪魔见斯事已，于其毒心，重兴恶计：即令路傷及业罗泱，以像净风及善母等，于中变化，造立人身，禁囚明性，放（＝仿）大世界。如是毒恶宍身，虽复微小，一一皆放天地世界。业轮、星宿、……无有一法，不像世界。①

在《惠明经》（*Traité*/《残经》）中，已经没有专指守望者、大力士与流产怪物的术语，只是笼统地称为“五类魔”，也没有关于大力士的那些细节。但是还是保留了与摩尼教神学核心密不可分的内容：净风五子（pnj w'd jywndg pwhr'n）如掌狱官，看守五类魔，贪魔（"z）令沙克伦（šqlwn）和佩苏斯（pysws）造立人身。对“路傷”的写法与读音尚有不同意见，但是它与沙克伦相应则并无疑问。“业罗泱”在晚期中古汉语（Late Middle Chinese）中当读若 ŋiap - la - ʔiaŋ，不是 pysws 的译音，而比较接近 Nabroel（内布尔）、Namroel 的译音，可能是从另一种尚未发现的中古伊朗语文本翻译过来的。②

6. 教外文献的证据

米推利尼（Mitylene）主教撒迦利（Zacharias，卒于536年之后）所撰的希腊文反摩尼教《七章》采取宗教信仰表白书的形式，其第三章中写道：

……（我诅咒）所谓的使者（Πρεσβύτηυ），简而言之，他（＝摩尼）所说的四面之父所产生的所有的神，以及他关于流产物（ἔκτρωμτων）和大力士（γιγάντων）所想象的任何事物。我诅咒所有这些神话，谴责它们和摩尼本人，以及他所宣称的所有的神，以及那些关于撒克拉（Σακλᾶ）和内布罗德（Νεβρώδ）性交产生亚当和夏娃的神话，简而言之，（我诅咒）摩尼教书籍，特别是它们的巫术著作中的任何东西。③

---

① 林悟殊，1997，页268—269。

② Mikkelsen，2006，p.108.

③ Lieu，1994，pp.219，240—241，279—281.

使者(Πρεσβύτην)即摩尼教神话中的第三使(日神、日光佛),诱使雌魔流产。Νεβρωδ(内布罗德)是《埃及人福音》中 Νεβρουηλ 的异写,即“业罗泱”。ἔκτρωμα(流产物)也见于上述希坡律陀《反驳所有异端》中对华伦提奴派的描述中。这则资料可以证明,在摩尼教书籍中,大力士、流产物、撒克拉、内布罗德可能出现在同一个神话中。

9 世纪叙利亚神学家狄奥多若(巴尔库尼)所著的圣经注释《斯可利亚》(Liber Scholiorum)中引用了一段摩尼的话,几乎是 M7800/II 的缩写:

> 这些黑暗的女儿们已经怀着她们自己的种,当她们看到使者的美丽形象时,她们的胚胎流产了,掉到大地上。这些(流产物)吃树木的芽苞。然后流产物们(ܝܚܛܐ)一起商量,回忆他们看到过的使者的形象,说道:“我们看到过的形象在哪里?”黑暗之王的儿子阿沙克伦(ܐܫܩܠܘܢ)对流产物们说:“把你们的子女给我,我将为你们制作一个你们看到过的形象。”他们把(子女)带来,交给了他。他吃了雄的,把雌的给了自己的妻子内布尔(ܢܩܒܐܝܠ)。内布尔(ܢܡܪܐܝܠ)和阿沙克伦进行交配,怀孕生了一个儿子,命名为亚当。她(又)怀孕了,生了一个女儿,命名为夏娃。[①]

ܢܡܪܐܝܠ(nmr'yl)当为ܢܩܒܐܝܠ(nqb'yl)的异写[②],根据其他资料,当以后者为佳,统一汉译为“内布尔”。叙利亚文ܝܚܛܐ(yḥṭ',流产物)可能很接近摩尼自己使用的术语。在这段概述中,大力士故事已经被省略,只保存了神学上比较有意义的流产物、阿沙克伦、内布尔及其造立的亚当、夏娃。

奥古斯丁(St. Augustine,354—430)拉丁文《外道》中概述摩尼教时,省略了流产物、内布尔,只提到了必不可少的撒克拉斯和亚当、夏娃:

> 他们断言,亚当和夏娃以烟雾诸王为父母,因为他们名叫撒克拉斯(Saclas)的父亲吞噬了他所有伙伴的孩子,与其妻子同卧,把他吸收的混

---

① Theodore bar Konai, 1912. v. II, p. 317. Reeves, 1992. Pp. 192—193, p204, n. 52—53.

② Blois, 2006, p. 12.

有神圣物质的任何东西都囚缚在其后裔的肉体中，就像囚缚在一种最强大的锁链中。[①]

伊本·奈丁（ibn al - Nadīm，卒于995年）阿拉伯文《群书类述》在概述摩尼教教义时，也讲到了亚当、夏娃，但是撒克拉被称为辛迪德（صنديد Ṣindīd，可能意为首领）。[②]

7. 结语

为了分析摩尼教大力士与流产魔鬼及其首领沙克伦、佩苏斯的不同源流，上述各种资料可以列表如下：

宗教	文献	文字	守望者	大力士	流产物	撒克拉	内布尔
犹太教	以诺一书	亚兰文	עירין 'yryn				
		希腊文	ἐγρήγοροι	γίγαντεζ			
	巨人书	亚兰文	עירין 'yryn	גברין gbryn			
神知派	亚当启示录	科普特文				Σακλα	
	埃及人福音	科普特文				Σακλα	Νεβρουηλ
	约翰密传	科普特文				Σακλαζ	
	掌权者的本质	科普特文			Ϩου Ϩε	Σακλα	
	反驳所有异端	希腊文			ἔκτρωμα		
	驳异端	希腊文			ἔκτρωμα		

① Augustine，1956，pp. 94—95，169—170.

② Ibn al - Nadīm，1872，v. 1，p. 331—332；Reeves，1996，pp. 79—81，102，n. 103；Blois，2006，p. 59.

续表

宗教	文献	文字	守望者	大力士	流产物	撒克拉	内布尔
摩尼教	克弗来亚	科普特文	’εγρηγόροζ	γίγαζ	Ϩου Ϩε	Σακλᾶζ	
	M625c	中古波斯文	‘yr	q’w			
	惠明经	安息文	dyw’n			šqlwn	Pysws
		汉文	魔			路傷	业罗泱
	M7800	粟特文	δywṯ	kwyšṯ	pš’q	šqlwn	Pysws
	七章	希腊文		γίγαζ	ἔκτρωμα	Σακλᾶ	Νεβρώδ
	斯可利亚	叙利亚文			ܝܚܛܐ yḥ ṭ’	ܐܫܩܠܘܢ ’šqlwn	ܢܩܒܐܝܠ nqb’yl
	外道	拉丁文				Saclas	
	群书类述	阿拉伯文				صنديد indīd	

根据学者们对死海古卷亚兰文《巨人书》和摩尼教《大力士经》残片的比较研究，后者源自前者当无疑义。至于流产物及其首领撒克拉、内布尔，摩尼则可能取之于拿戈·玛第遗书一类文献，写进了《大力士经》。当然，因为摩尼教体系与华伦提奴派等明显有别，摩尼对这些素材肯定需要进行彻底改造。

摩尼教与华伦提奴派等的基本观点都将人的灵魂视为神圣，不属于尘世，但是何以如此，则有大相径庭的创世神话。以《约翰密传》为例，索非亚（智慧）创造出造物主雅他巴沃，他造出一些天使来统治世界。神以人的面貌展示他自己的形象，映照在水中，所有的天使与雅他巴沃都看到了。于是雅他巴沃让众天使一起按照神的形象造人，让他的形象成为他们的光。于是雅他巴沃就按照神的形象造了一个人。然后他们说："我们称他为亚当，好让这名字成为我们光明的力量。"但是亚当是不能动弹的。于是神派了五个光明使者下凡，要雅他巴沃将其元气（πνεῦμα）——其母的能力吹在亚当的脸上，让他能站起来。结果亚当的智力高于众天使和雅他巴沃。为了争夺人里头的神性分子，光明与黑暗开始争战。雅他巴沃差天使到人的女儿那里，娶其中的一些人，生养后裔。起初没有成功，于是造了一个邪灵，沾污人的灵魂。天使们改变成人的女儿的配偶的样子，带来金、银、礼品、铜、铁和其他各种物品，使人永远陷于奴役之中。最后，基督降临，拯救人类。[①]

摩尼教的创世记则不同：暗界之王率其众魔侵入明界，最高神大明尊唤出善母，善母唤出先意，先意唤出五明子，以抵御暗魔。结果五明子被暗魔吞噬，与暗界五要素混合在一起。大明尊进行第二次召唤，其中包括净风。净风击败暗魔，用其尸体造成“八地”，用其皮造成“十天”，将众魔拴锁在空中，派自己的五个儿子分别管辖十天八地。为了解救光明分子，大明尊又召唤出第三使（日光佛），第三使又召唤出光明处女（电光佛），这两个神将裸体展现在众魔面前，诱使他们将光明分子射泄出来。业已怀孕的雌魔因此流产，流产物堕落地上。贪魔命令撒克拉和内布尔吞食流产怪物，互相交配，按照第三使的形象造立亚当、夏娃。亚当、夏娃的后代即人类，人体中的光明分子则形成灵魂，肉体始终禁锢着灵魂，因此拯救光明分子（灵魂）便成为一项长期而艰巨的任务。

摩尼教创世记与《约翰密传》创世记的区别很明显：一，摩尼教让净风作为造物主，创造了十天八地；并无索非亚和雅他巴沃这样的角色。《约翰密传》则由盲目愚蠢的神雅他巴沃作为造物主。二，流产物在摩尼教中是雌魔抵挡不住色诱而流产的胎儿，在《约翰密传》中虽未使用这个术语，但与其他文献比较后可以确定就是索非亚创造的无形永世。三，在摩尼教中，撒克拉地位低下，受贪魔（”z）之命造立人身。在《约翰密传》中，撒克拉自以为上帝，是造物主雅他巴沃的别名。四，在摩尼教中，光明分子一开始就与黑暗五元素混合在一起，第三使、光明处女色诱众魔是为了使他们射泄光明分子，而撒克拉、内布尔造立人身是为了永远把光明分子囚禁起来。在《约翰密传》中，光明分子是雅他巴沃无知中计，吹进亚当体内去的。虽然有这么多明显的差异，但根据文本与词语分析，摩尼教中流产魔鬼撒克拉、内布尔造立人身的故事出自拿戈·玛第遗书一类文献的可能性还是相当大的。《约翰密传》虽然没有使用“守望者”、“巨人”等术语，但是也讲述了类似的故事，将巨人与流产魔鬼的故事放在一起，摩尼的《大

① Waldstein 2000, pp. vi—vii, 85—117. 杨克勤，卷上，页124—125，135—146。

力士经》很可能延续了这种做法。

参考文献

Augustine, Saint, Bishop of Hippo. 1956. *De haeresibus* : *a translation with an introduction and commentary*, by Liguori G. Müller, Washington: Catholic University of America Press.

Blois, François de, 2006. *Dictionary of Manichaean texts*. vol. 2. *Texts from Iraq and Iran* : *texts in Syriac*, *Arabic*, *Persian and Zoroastrian Middle Persian*, *edited by* François de Blois and Nicholas Sims - Williams; compiled by François de Blois, Erica C. D. Hunter, Dieter Taillieu, Turnhout: Brepols; NSW, Australia: Ancient History Documentary Research Centre, Macquarie University.

Böhlig, Alexander and Frederik Wisse, 2000. *Nag Hammadi codices III*,*2 and IV*,*2* : *The Gospel of the Egyptians* (*The Holy Book of the Great Invisible Spirit*), edited with translation and commentary by Alexander Böhlig and Frederik Wisse, in cooperation with Pahor Labib. In *The Coptic gnostic library*: *a complete edition of the Nag Hammadi codices*, edited with English translation, introduction, and notes, published under the auspices of the Institute for Antiquity and Christianity; general editor, James M. Robinson. Leiden; Boston: Brill, v. 2, Nag Hammadi codex III, 2 and IV, 2.

Boyce, Mary 1951. "Sadwēs and Pēsūs", *BSOAS*, XIII, 1951, pp. 908—915.

Boyce, Mary1960. *A catalogue of the Iranian manuscripts in Manichean script in the German Turfan collection*. Berlin, Akademie - Verlag.

BSO(A)S. *Bulletin of the School of Oriental* (*and African*) *Studies*, University of London.

Clackson, Sarah, Erica Hunter, and Samuel N. C. Lieu, 1998.

Dictionary of Manichaean texts. v. 1, *Texts from the Roman Empire*: *texts in Syriac*, *Greek*, *Coptic*, *and Latin*, compiled by Sarah Clackson, Erica Hunter, and Samuel N. C. Lieu; in association with Mark Vermes. Turnhout: Brepols; NSW, Australia: Ancient History Documentary Research Centre, Macquarie University.

Crum, W. E. (Walter Ewing), 1939. *A Coptic dictionary*, compiled with the help of many scholars, by W. E. Crum. Oxford, The Clarendon Press. http://www.metalog.org/files/crum.html

Durkin, Desmond 2004. *Dictionary of Manichaean texts*. vol. 3. *Texts from Central Asia and China*, edited by Nicholas Sims - Williams. pt. 1. *Dictionary of Manichaean Middle Persian and Parthian*, by Desmond Durkin - Meisterernst, Turnhout : Brepols ; NSW, Australia : Ancient History Documentary Research Centre, Macquarie University.

Epiphanius 1987. *The Panarion of Epiphanius of Salamis*, translated by Frank Williams. Leiden; New York : E. J. Brill, 1987—1994.

Foerster, Werner, 1972—1974. *Gnosis*; *a selection of Gnostic texts*. English translation edited by R. McL. Wilson. Oxford, Clarendon Press, 1972—1974.

Gardner, Iain, 1995. *The Kephalaia of the Teacher*: *the edited Coptic Manichaean texts in translation with commentary*, [edited] by Iain Gardner. Leiden; New York : E. J. Brill.

Gharib, B. 1995. *Sogdian dictionary*: *Sogdian - Persian - English*, B. Gharib. Tehran: Farhangan Publications.

Gershevitch, Ilya 1954. *A grammar of Manichean Sogdian*, Oxford: B. Blackwell.

Henning, W. B. 1934. "Ein manichäisches Henochbuch." *SPAW*, 1934, 27—35.

Henning, W. B. 1943. "The Book of the Giants", *BSOAS*, XI, 52—72.

Hippolytus, Antipope, 1860. *Philosophumena sive haeresium omnium confutatio opus Origeni adscriptum e codice parisino productum recensuit, latine vertit, notis variorum suisque instruxit, prolegomenis et indicibus auxit Patricius Cruice* ..., Parisiis, Excusum in typographeo imperiali de auctoritate imperatoris. http://nrs. harvard. edu/urn — 3: HUL. FIG:002262140

Hippolytus, Antipope, 1921. *Philosophumena; or, The refutation of all heresies, formerly attributed to Origen, but now to Hippolytus, bishop and martyr, who flourished about* 220 *A. D. Translated from the text of Cruice*, by F. Legge. London, Society for promoting Christian knowledge; New York, The Macmillan company. http://nrs. harvard. edu/urn—3:HUL. FIG:002248063

Ibn al - Nadīm, Muḥammad ibn Iṣāq, 1872. *Kitâb al - Fihrist*, mit Anmerkungen hrsg. von Gustav Flügel, nach dessen Tode besorgt von Johannes Roediger und August Mueller. Leipzig : F. C. W. Vogel, 1871—1872.

Irenaeus, Saint, Bishop ofLyon. 1993. *Epideixis* ; *Adversus haereses* = *Darlegung der apostolischen Verkündigung*; *Gegen die Häresien*, Irenäus von Lyon; übersetzt und eingeleitet von Norbert Brox. Freiburg; New York : Herder, 1993—

Layton, Bentley 2000. *The Hypostasis of the Archons*, *In The Coptic gnostic library*: *a complete edition of the Nag Hammadi codices*, edited with English translation, introduction, and notes, published under the auspices of the Institute for Antiquity and Christianity ; general editor, James M. Robinson. Leiden; Boston: Brill. v. 2, Nag Hammadi Codex II, 2—7, pp. 219—259, 321—336.

Lieu, Samuel N. C. 1992. Manichaeism in the later Roman Empire and medieval China, Tübingen: J. C. B. Mohr.

Lieu, Samuel N. C. 1994. *Manichaeism in Mesopotamia and the Roman East*, Leiden; New York : E. J. Brill.

Lieu, Samuel N. C. 1998. *Manichaeism in Central Asia and China* / by Samuel N. C. Lieu. Leiden ; Boston : Brill.

林悟殊 1997.《摩尼教及其东渐》(*Manichaeism and Its Eastward Expansion*)，台北 ：淑馨出版社.

马小鹤 2010.《摩尼教十天王考——福建霞浦文书研究》,《西域文史》第5辑，科学出版社，页119—130。

Mackenzie 1976. *The Buddhist Sogdian texts of the British Library*, edited by D. N. MacKenzie. Leiden: Diffusion E. J. Brill ; Téhéran - Liège : Édition Bibliothèque Pahlavi.

MacRae, George W. 2000. *The apocalypse of Adam. In The Coptic gnostic library: a complete edition of the Nag Hammadi codices*, edited with English translation, introduction, and notes, published under the auspices of the Institute for Antiquity and Christianity; general editor, James M. Robinson, Leiden; Boston: Brill, v. 3, Nag Hammadi codex V, 2－5, pp. 151－195.

Mikkelsen, Gunner B. 2006. *Dictionary of Manichaean texts*. vol. 3. *Texts from Central Asia and China*, edited by Nicholas Sims - Williams. pt. 4. *Dictionary of Manichaean texts in Chinese*, by Gunner B. Mikkelsen. Turnhout: Brepols; NSW, Australia: Ancient History Documentary Research Centre, Macquarie University.

Milik, Jozef T. 1976. *The Books of Enoch : Aramaic fragments of Qumrân Cave 4*, edited by J. T. Milik; with the collaboration of Matthew Black. Oxford: Clarendon Press.

Nickelsburg 2001. G. W. E. Nickelsburg, *1 Enoch 1: a Commentary on the Book of 1 Enoch, Chapter 1－36; 81－108*, Minneapolis: Fortress Press.

Polotsky, Hans Jakob and A. Böhlig, 1940. *Kephalaia*. Stuttgart, W. Kohlhammer, 1940－

Reeves, John C. 1992. *Jewish lore in Manichaean cosmogony: studies in the Book of giants traditions*, John C. Reeves. Cincinnati: Hebrew Union College Press.

Reeves, John C. 1996. *Heralds of that good realm: Syro - Mesopotamian gnosis and Jewish traditions*, Leiden; New York : E. J. Brill.

芮传明 2009.《东方摩尼教研究》,上海人民出版社。

Skjærvø, P. O. 1995. "Iranian epic and the Manichaean *Book of Giants*. Irano - Manichaica III", Acta orientalia Academiae Scientiarum Hungaricae, XLVIII (1—2)(1995), pp. 187—223.

Sophocles, E. A. 1870. *Greek lexicon of the Roman and Byzantine periods (from B. C. 146 to A. D. 1100)*, By E. A. Sophocles. Boston : Little, Brown, and Company.

SPAW. Sitzungsberichte der Preussischen Akademie der Wissenschaften. Phil. - hist. Klasse, Berlin

Stroumsa, Guy G. 1984. *Another seed: studies in Gnostic mythology*, Leiden: Brill.

Sundermann, W. 1992. *Der Sermon vom Licht - Nous : eine Lehrschrift des östlichen Manichäismus; Edition der parthischen und soghdischen Version*, Berlin: Akademie Verlag.

Sundermann, W. 1994. "*Mani's 'Book of the Giants' and the Jewish Book of Enoch. A Case of Terminological Difference and What it Implies*", *Irano - Judaica III, ed.* By P. Shaked & A. Netzer, Jerusalem 1994, pp. 40—48. Reprinted in Sundermann 2001, v. 2, pp. 697—706.

SundermannW. 2001. *Manichaica Iranica: ausgewählte Schriften*, von Werner Sunderman; herausgegeben von Christiane Reck ... [et al.]. Roma: Istituto italiano per l'Africa e l'Oriente. (Serie orientale Roma ; v. 89)

Theodore bar Konai, 1912. *Liber scholiorum; textus.* Edidit Addai Scher. Parisiis, E Typographeo Reipublicae, 1910—1912.

Waldstein, Michael and Frederik Wisse, 2000. *The Apocryphon of John*, In *The Coptic gnostic library: a complete edition of the Nag*

Hammadi codices, edited with English translation, introduction, and notes, published under the auspices of the Institute for Antiquity and Christianity ; general editor, James M. Robinson. Leiden; Boston: Brill. v. 2, Nag Hammadi Codex *II,1, III,1, and IV,1*.

星云大师 1993. 星云大师监修,《佛光大辞典》,书目文献出版社。

杨克勤 1994. 罗宾逊、史密夫编,杨克勤译,《灵知派经书》,道风书社。

吉田丰 2010. 吉田丰,"新出マニ教絵画の形而上",《大和文华》,第一二一号(平成二十二年[2010]),页 3—34,图版 1—9。

图版 1:《宇宙图》(部分)。见吉田丰,2010,图版 4。

《郑和航海图》和三部15世纪下西洋游记的对读

◎ 潘铭燊[1]

摘要：

茅元仪《武备志》卷240《郑和航海图》，所绘的很可能是七下西洋最后一次航程。这次航程的资料见于祝允明《前闻记》，其中提到的地名，和航海图的地名相当一致。比较航海图所载的地名，和郑和三位随员所写的游记（马欢《瀛涯胜览》、费信《星槎胜览》、巩珍《西洋番国志》）中的地名，得到结论：三部游记的地名，去除重复之后，共有29个，其中24个见于航海图。航海图所无的5个地名，很可能只是郑和船队分䑸访问的地方。因此航海图的地名，代表的是船队主䑸所到之处。

通过对地理特征、建筑特征、物产商贸的考察，三部游记和航海图的内容显然可以互相补充，并且可以得出两个推断：第一，下西洋的动机，朝廷方面是宣扬国威，民间方面是宝船贸易。第二，综合三部游记和航海图的记载，都未能够带读者遍历下西洋诸国。

关键词：

郑和；茅元仪；《武备志》；郑和航海图；祝允明；《前闻记》；马欢；《瀛涯胜览》；费信；《星槎胜览》；巩珍；《西洋番国志》；宝船贸易

---

① 潘铭燊，美国国会图书馆亚洲部中文及蒙文组组长（Leader of the China/Mongolia Team，Asian Division，Library of Congress）。

Zheng He's Navigational Map and the Three 15th Century Travel Records of Zheng He's Voyages

◎ Ming - sun Poon

Abstract:

The navigational map in juan 240 of Mao Yuanyi's Wubei Zhi records most probably the last of Zheng He's series of seven expeditions to the "West Seas." Details of this 7th expedition can be found in Zhu Yunming's Qianwen Ji, and the place - names recorded in Qianwen Ji are mostly the same as those recorded in the navigational map. It is also of interest to compare the place - names in the navigational map with those in the three travel books written by Zheng He's aides (Ma Huan's Yingya Shenglan, Fei Xin's Xingcha Shenglan and Gong Zhen's Xiyang Fanguo Zhi). Through such comparison, it is revealed that there are 29 different place - names (after elimination of duplicates) recorded in the three travel books, among which only 24 are recorded in the map. The omitted 5 place - names are probably those visited by the smaller, branch fleet. It can safely be concluded that the place - names in the map represent only those places visited by the main fleet.

From geographical perspective, architectural perspective, and perspectives of commodities and commerce, the author compares the map and the travel books and come to realize their contents can supplement each other. He also makes two inferences based on the clues provided by these contents. Firstly, the purpose of Zheng He's expeditions were two - folded: the court aimed at extending the empire's power and influence, while the people, "treasure - ship commerce." Secondly, even all place - names in the map and the travel books put together do not account for all the places visited by the branch fleets.

Keywords:

Zheng He; Mao Yuanyi; Wubei Zhi; Zheng He Hanghai Tu; Zhu Yunming; Qianwen Ji; Ma Huan; Yingya Shenglan; Fei Xin; Xingcha Shenglan; Gong Zhen; Xiyang Fanguo Zhi; Bao chuan mao yi

《郑和航海图》的定位问题

三宝太监下西洋是中国人走向海洋的伟大创举,“其人物之丰伟、舟楫之雄壮、才艺之巧妙,盖古所未有”[①]。但事迹之雄奇,与记载之稀少,完全不成比例。令人最感遗憾的是下西洋的档案竟被销毁,导致郑和的航海记录荡然无存。

现在能够看到的、当年船队中人的记录只有两组。第一组是郑和三位随员的游记,第二组是航海图。如此重要的一手资料,多么希望它们都是巨细靡遗的大制作,可惜三部游记都是薄薄的小书,而航海图则只记录了其中一次航程,而且相当简略。[②]

尽管如此,对于《郑和航海图》还是有人怀疑它是否确为郑和的图。怀疑的原因,是它出现得比较晚,经过 200 年,才由茅元仪收进《武备志》里。茅元仪也没有直接说它是《郑和航海图》,图上标的是一个长长的名字:《自宝船厂开船从龙江关出水直抵外国诸番图》。

澄清这个怀疑,其实不必费很多唇舌。第一,茅元仪在图前的序言中便已经清楚说明这是郑和的图。第二,郑和之后,明朝便厉行海禁,再没有大规模的航海,因此郑和之后 200 年间,并不具备产生这幅航海图的条件。第三,茅元仪这幅图是影刊本,底本就是郑和的图。只须凭常识推断,郑和会把用于船队航行的图称为“郑和航海图”吗?如果这样题名,不是太自我中心了吗?它不叫做“郑和航海图”,正好证明它就是郑和的。

不过,本文作者还是乐意费点唇舌,绕个弯儿,给这幅图的定位增添一些锦上添花的“证据”。证据的资料来源,就是跟它同时面世的文献——郑和三位随员的游记。如果游记所述,和航海图吻合,那就进一步证明游记、海图是并世同

---

① 马敬:《瀛涯胜览序》。见冯承钧《瀛涯胜览校注》(上海商务印书馆,1935 年)第 1 页。《瀛涯胜览校注》在本文作出处引用时一律简称为《瀛》。《星槎胜览校注》在本文作出处引用时一律简称为《星》。《西洋番国志校注》在本文作出处引用时一律简称为《西》。

② 虽然茅元仪形容收进他所编辑的《武备志》中的《郑和航海图》“详而不诬”(见《武备志》240/1b),但其实它只是一幅简图。郑和船队到过的一些港口、市镇,都没有标示出来。

时的产物。

我做学问的方法，属于“索引派”，特别是涉及文献资料时，先做一个索引，可以省却前后翻阅之劳，也保证查检的结果不会有任何遗漏。这次编索引的对象，是《郑和航海图》中的地名，一共500多个，编成一个汉语拼音索引。这样阅读三部游记之时，遇到地名可以即时查阅该地在航海图哪个部分。地图提供了一些感性认知，让随着文字叙述卧游穷海绝域之时倍增趣味。

《郑和航海图》记录的是哪次航程？

关于这个问题，学术界早有共识，同意它记录的是最后一次航程。记载这次航程最详尽的资料，见于祝允明《前闻记》。《前闻记》“下西洋”条[①]省略了“题本”不载之外，详细记录了“人数”和“里程”，也提及“船号”和“船名”。关于“里程”，他有以下记录：

宣德五年闰12月 6日龙湾开舡

10日到徐山　打围

20日出附子门

21日到刘家港

6年2月 26日到长乐港

11月 12日到福斗山

12月 9日出五虎门　行16日

24日到占城

7年正月 11日开舡　行25日

2月 6日到爪哇　斯鲁马益

6月 16日开舡　行11日

---

① 祝允明(1460—1526):《前闻记》，见沈节甫(1559年进士)辑《纪录汇编》(上海商务印书馆1938年影印明万历间刻本)202/36b—38a。

27日到旧港

7月 1日开舡　行7日

8日到满剌加

8月 8日开舡　行10日

18日到苏门荅剌

10月 10日开舡　行36日

11月 6日到锡兰山　别罗里

10日开舡　行9日

18日到古里国

22日开船　行35日

12月 26日到鲁乙忽谟斯

八年2月 18日开船回洋　行23日

3月 11日到古里

20日大䑸回洋　行17日

4月 6日到苏门搭剌

12日开船　行9日

20日到满剌加

5月 10日回到昆仑洋

23日到赤坎

26日到占城

6月 1日开舡　行2日

3日到外罗山

9日见南澳山

10日晚望见望郎回山

6月 14日到崎头洋

15日到碗碟屿

20日过大小赤

21日进太仓　后程不录

7月 6日到京

11日开赐奖衣宝钞

这个航程表提到的主要域外地名（在上表用底线标示出来），都可以在《航海图》中找到，计有占城（12a）①、爪哇（14a）、旧港（15a）、满剌加（16a）、苏门荅剌（17b）、锡兰山（19b）、古里国（20a）、鲁乙忽谟斯（22a）、昆仑洋（13a有昆仑山）、赤坎（12b），进一步证明《航海图》与最后一次下西洋关系密切。而且《航海图》上标示的航路的连接，似乎也在表明最后一次下西洋是按着这图来航行的。

郑和随员的游记

在把《航海图》和三部游记印证之前，有必要对这三部书分别说明一下。三书是马欢的《瀛涯胜览》、费信的《星槎胜览》和巩珍的《西洋番国志》。

马欢是浙江会稽人，因为才干优秀，又是回教徒，善通番语，而获选跟随郑和三次出使西洋诸国，职务是"通事"（翻译）。他分别在永乐十年（1412），永乐十九年（1421）和宣德六年（1431）出发，经历20余国。他没有私下从事金帛宝货的贸易而专心撰写游记。《瀛涯胜览》对于诸国的远近、沿革、疆界、城郭、人民衣服食用、刑禁制度、风俗出产，都有涉及。卷前有一首写得很流畅的纪行诗。

费信（1388—?）是昆山人，本是太仓卫的戍军，在一次为下西洋事征求策论时入选随行。他参与了永乐七至九年（1409—1411）、十至十二年（1412—1414）、十三至十四年（1415—1416），宣德六至八年（1431—1433）一共四次的行程，经历40余国。他写的《星槎胜览》，侧重记载诸国的山川、人种、物候、风习。每记一地，后必有诗。书分前后两集。

巩珍是南京人，本是兵士，拔升幕僚，在明宣宗元年（1426）那次下西洋随

① 本文所引《航海图》的页数，都指《武备志》卷240的线装书叶数。

行,往还3年,经历20余国。他随行较晚,而《西洋番国志》成书在后,所以内容有些采纳了前两书,加上他在各地询访转译所得的资料。对于一些诡异的传说和可能传闻有误的内容,他自己也采取存疑的态度。因为《西洋番国志》叙事详核、行文赡雅,其内容很多采入了《明史·外国传》。

《郑和航海图》是否包含游记提到的所有地方?

为这个问题寻找答案,本文作者把三部游记提到的重点地名(主要是国名)并列出来,和《航海图》的地名对照(见附录),这样可收一目了然之效。向达整理郑和资料,曾经列出"《星槎游览》《瀛涯胜览》《西洋番国志》三书篇目对照表"①,本文采用了向达的对照表的部分资料。

要注意费信在《星槎胜览》的序言说明前后两集的差异:前集得自"亲监目识",后集得自"采辑传译"。所以后集的地名,对于考证郑和下西洋事迹,价值并不能跟作者亲历的地名相提并论,有可能其中一些地方,郑和船队历次航行都没有到过。不过为了学术上的好奇,我还是将后集的地名查对了《航海图》。

《星槎胜览·后集》所记23个去处,有些见于《瀛涯胜览》、《西洋番国志》,或者写法有些不同,例如佐法儿国之于祖法儿国、溜洋国之于溜山国、阿鲁国之于哑鲁国。不过既然只是得自传闻,尽可置而不论,况且其中有些我们确实知道郑和船队没有到过的,例如琉球国。除去这23个地名,三书或共同拥有,或此有彼无的,一共有29个地名。将这29个地名查对《航海图》,发现除了宾童龙国、黎代国、南浡里国、溜山国、天方国等5国以外,其余都见于《航海图》。其中溜山国,原是一个范围颇大的群岛礁,包含有沙剌溜、任不知溜等八大溜,它们是否汇成一国,其实颇有疑问,《航海图》中,就只有分称而无合称。宾童龙国、黎代国、南浡里国都是地小人稀的小国,它们不见于《航海图》,也就不足为奇。下西洋的船队很有可能只派一小队分䑸前往,大概如果宝船主䑸去了,连可以停泊的港口也没有。

天方国是个特例,它是一个大国,三书对它都有重点叙述。《瀛涯胜览》说:

① 向达校注:《西洋番国志·郑和航海图·两种海道针经》,中华书局,2000年,第58—60页。

“此即默伽国也，自古里国开船，投西南申位，船行三个月方到本国马头，番名秩达。”（《瀛》第69页）不过，访天方国一役，只有通事7人，从古里附阿拉伯船前往，甚至连分艅都不是，并非下西洋的重要行程之一。

从这些迹象推论，《航海图》注记的地名，是下西洋主船队访问的国度，这幅图并不包括分船队曾到的去处，更非网罗所有当时知道的地方。从大处着眼，可以说三部游记所涵盖的地域，和《航海图》所标示的大致相同。

游记和航海图的印证

把三部游记和《航海图》对读，能够综合出来的资料其实并不多，因为游记并非为解读海图而写，海图也非为诠释游记而作，它们各自有其重点。譬如三部游记都注重记述各地人民的衣着，就无法在《航海图》找到相应的资料。所以下面从地理特征、建筑特征、物产商贸三方面着眼，所能列举的也只是一些蛛丝马迹而已。然而在《航海图》包含信息不多的情况之下，也算难能可贵了。

地理特征

《星槎胜览》记昆仑山“节然瀛海之中”（《星》第8页），查《航海图》，昆仑山为一海岛（13a）。《星槎胜览》记龙涎屿“独然南立海中”（《星》第26页），查《航海图》，龙涎屿为孤悬大海之岛屿（18b）。

《瀛涯胜览》记苏门荅剌国“其海口浪大，船只常有沉没”（《瀛》第27页）；《西洋番国志》也说苏门荅剌国“其海口浪大常覆舡”（《西》第18页）。查《航海图》，苏门荅剌海口名为“急水湾”（17b），正是此意。

建筑特征

《航海图》在锡兰岛上绘有两“佛堂”（19b），而《星槎胜览》锡兰山国条侧重写释迦圣迹，并谓从山之下有佛寺（《星》第29页），《西洋番国志》亦谓锡兰国马头别罗里附近山脚有佛寺“乃佛涅槃处，寺内佛卧尚存”（《西》第23页）。

《瀛涯胜览》记占城国东北有一海口名新州港，“岸有一石塔为记”（《瀛》第1页），《西洋番国志》更说各处船只“望见塔即收港”（《西》第1页）。查《航海图》,新州港赫然标示了一座石塔(12a)。

物产商贸

《航海图》一般不标物产,但亦偶记一二。《星槎胜览》记暹罗国有苏木等物产(《星》第12页),《瀛涯胜览》也说暹罗"其苏木如薪之广"(《瀛》第21页),《西洋番国志》也说暹罗出产的苏木"贱如柴薪,且颜色绝红,胜他国所出者"(《西》第14页),三部书异口同声说暹罗盛产苏木。查《航海图》,暹罗国国土正好有"出苏才"三字(13b)。

《星槎胜览》记小具"口旁"喃国为"西洋诸国之马头"(《星》第31页)。查《航海图》,小葛兰周围果为航线汇聚之地(19b)。《星槎胜览》记古里国为"亦西洋诸番之马头"(《星》第34页),《瀛涯胜览》、《西洋番国志》对于古里国之叙述也侧重在它的商贸活动方面(《瀛》第45—48页,《西》第29—31页)。查《航海图》,自古里国出海有四航线(20a),可见有使用频繁的港口。

结语:宝船贸易留踪迹

关于明初朝野下西洋的主要动机,向来有不同说法。从三部游记的行文中揣摩得到的潜信息,觉得朝廷方面为的是宣扬国威,民间则着眼于宝船贸易。《瀛涯胜览》"满剌加国"有一段文字,对于了解宝船贸易十分重要:

> 中国宝船到彼,则立排栅如城垣,设四门更鼓楼,夜则提铃巡警,内又立重栅如小城,盖造库藏仓厫,一应钱粮顿在其内。去各国船只回到此处取齐,打整番货,装载船内,等候南风正顺,于五月中旬开洋回还。(《瀛》第25页)

《西洋番国志》对此也有描述:

> 中国下西洋舡以此为外府,立摆栅墙垣,设四门更鼓楼。内又立重城,盖造库藏完备。大䑸宝舡已往占城、爪哇等国,并先䑸暹罗等国回还舡只,

俱于此国海滨驻泊，一应钱粮皆入库内□贮。各舡并聚，又分䑸次前后诸番买卖以后，忽鲁谟厮等各国事毕回时，其小邦去而回者，先后迟早不过五七日俱各到齐。将各国诸色钱粮通行打点，装封仓者[舟旁]，停候五月中风信已顺，结䑸回还。(《西》第16—17页)。

从这两段记载可见，贸易的确是郑和船队的重要活动。为了保管货物，他们甚至在海外建立规模犹如城池的巨大仓库，还有巡警把守。分䑸前往各地贸易的船队，都约定日期，回来这些仓库提存货物，缴纳钱粮。然后，到了五月中旬顺风好日，便满载而归，结伴回国。

这些仓库在《航海图》中也可以找到踪影：满剌加国国土上注记"官厂"两字(16a)，即是此物。查本人所编地名索引得知，官厂不止一处。满剌加以外，苏门荅腊也有官厂(17b)，而且建筑在离岸的岛上，这样保安就更周到了。但是这些官厂，不管它们建筑得如何雄伟、牢固，都只能是临时的存在，一旦宝船贸易结束，它们便完成历史使命，不会长留在地图上。由于《航海图》注记了"官厂"，就更进一步说明这是郑和的航海图，因为在郑和之后，便再没有宝船贸易了。

冯承钧在《瀛涯胜览校注》的序言中说："《前闻记》所载之里程，要为大䑸宝船之里程，即对于大䑸宝船所历之地，亦未遍举。……䑸有大䑸及分䑸之别。马欢书旧港、苏门荅剌、古里等条之大䑸宝船，殆指正使所驾之大队船舶；卷首纪行诗同阿丹、天方等条所言之分艘，殆指分遣赴各地之船舶。"他还考证分䑸出发之地有五："新州、亚齐、别罗里、小葛兰、古里。"(《瀛》第14—16页)这样看来，官厂可能不止设在满剌加、苏门荅剌两处，新州、亚齐、别罗里、小葛兰、古里，都可能有官厂。这也是下西洋动辄有两万多人的缘故，因为宝船贸易看来是规模非常庞大的。

冯承钧又言："当时之分䑸不止一队。马欢、费信、巩珍等未能同时遍历诸国，所以其记载各有详略。如马欢未至剌撒，所以《瀛涯胜览》无剌撒条；费信未至默伽，所以《星槎胜览》列天方于传闻诸国之内。"(《瀛》第14—16页)我们仿佛也看到以下的潜台词：《瀛涯胜览》、《星槎胜览》、《西洋番国志》，加上《郑和航海图》，都未能带我们遍历下西洋诸国。

附录

三部游记标题地名与《郑和航海图》的对照

星槎胜览（冯承钧《星槎胜览校注》商务印书馆1938史地丛书本）	瀛涯胜览（冯承钧《瀛涯胜览校注》商务印书馆1935史地丛书本）	西洋番国志（中外交通史籍丛刊本）	郑和航海图（据清代翻刻明天启本《武备志》卷240）	备注
1占城国	1占城国	1占城国	12a占城国	
2宾童龙国				《航海图》无此地，《星槎胜览》谓“其国与占城山地接连”
3灵山			12b灵山	
4昆仑山			13a昆仑山	
5交栏山			13b交阑山	
6暹罗国	4暹罗国	4暹罗国	13b暹罗国	
7爪哇国	2爪哇国	2爪哇国	14a爪哇国	
8旧港	3旧港国	3旧港国	15a旧港 15a旧港	
9满剌加国	5满剌加国	5满剌加国	16a满剌加	
10九洲山			17a九州岛	
11苏门答剌国	7苏门答剌国	7苏门答剌国	17b苏门答剌 23a苏门答剌	
	9黎代国	9黎代		《瀛涯胜览》记载，黎代在苏门答剌之西

续表

星槎胜览（冯承钧《星槎胜览校注》商务印书馆1938史地丛书本）	瀛涯胜览（冯承钧《瀛涯胜览校注》商务印书馆1935史地丛书本）	西洋番国志（中外交通史籍丛刊本）	郑和航海图（据清代翻刻明天启本《武备志》卷240）	备注
	10南浡里国	10南浡里国		疑即18a之南巫星。其西北海中之帽山即东西洋分界。（据《西洋番国志》第21页）
12花面王国	8那孤儿国	8那孤儿小邦	18a大小花面	
13龙牙犀角			20a龙牙菖 16b龙牙加貌港 16b龙牙加貌山 17a龙牙交椅 15a龙牙门 13b犀角山 15a犀角山	
14龙涎屿			18b龙涎屿 23b龙涎屿	
15翠蓝屿			18b翠兰屿	
16锡兰山国	11锡兰国	11锡兰国	19b锡兰山 23a锡兰山 23b锡兰山	
17小具［口旁］喃国	12小葛兰国	12小葛兰国	19b小葛兰	
18柯枝国	13柯枝国	13柯枝国	20a柯枝国	

续表

星槎胜览（冯承钧《星槎胜览校注》商务印书馆1938史地丛书本）	瀛涯胜览（冯承钧《瀛涯胜览校注》商务印书馆1935史地丛书本）	西洋番国志（中外交通史籍丛刊本）	郑和航海图（据清代翻刻明天启本《武备志》卷240）	备注
19古里国	14古里国	14古里国	20a古里国 24a古里国	
	15溜山国	15溜山国	19b沙剌溜、官屿溜、任不知溜、麻里溪溜、起来溜 20a加平年溜、加加溜、安都里溜	
	16祖法儿国	16祖法儿国	21a佐法儿	
	17阿丹国	17阿丹国	20b阿丹	
20忽鲁谟斯国	19忽鲁谟斯国	19忽鲁谟斯国	22a忽鲁谟斯 22b忽鲁谟斯 24a忽鲁谟斯	
21剌撒国			20b剌撒	
22榜葛剌国	18榜葛剌国	18榜葛剌国	19a榜葛剌	
	6哑鲁国	6哑鲁国	17a亚路	
	20天方国	20天方国		
以上前集 以下后集				
23真腊国				13a占腊国疑即此地

续表

星槎胜览（冯承钧《星槎胜览校注》商务印书馆1938史地丛书本）	瀛涯胜览（冯承钧《瀛涯胜览校注》商务印书馆1935史地丛书本）	西洋番国志（中外交通史籍丛刊本）	郑和航海图（据清代翻刻明天启本《武备志》卷240）	备注
24东西竺				15a有东竹山、西竹山，不知是否此地 《星槎胜览》记此地与占城及昆仑山相望
25淡洋				
26龙牙门			15a龙牙门	
27龙牙善提				
28吉里地闷			14a吉利闷	
29彭坑国				
30琉球国				
31三岛				
32麻逸国				
33假里马打国			13b假里马达	
34重迦逻				
35渤泥国				
36苏禄国				
37大具[口旁]喃国				
38阿丹国			20b阿丹	

续表

星槎胜览（冯承钧《星槎胜览校注》商务印书馆1938史地丛书本）	瀛涯胜览（冯承钧《瀛涯胜览校注》商务印书馆1935史地丛书本）	西洋番国志（中外交通史籍丛刊本）	郑和航海图（据清代翻刻明天启本《武备志》卷240）	备注
39 佐法儿国			21a 佐法儿	
40 竹步国				
41 木骨都束国			20a 木骨都束	
42 溜洋国				
43 卜剌哇国			19b 卜剌哇	
44 天方国				
45 阿鲁国			17a 亚路	

说古书的牌记

◎ 沈津①

摘要：

古书的牌记为刻在所刻的书之首尾或序页后、目录页后形状各异的图形牌子。牌记，宋代刻书即有，元明时，书坊、私家刻书多有效仿，清代的则不多。因为牌记多刻有出版者及刻书的时间或者其他信息，故而可作为鉴定版本的重要依据。本文就牌记的各种不同情况择其要取其趣一一细说。

关键词：

牌记

About Printer's Colophon in Ancient Books

◎ Chun Shum

Abstract:

Printer's colophons (Paiji) of ancient books are the marks with various shapes imprinted in the front or end page, or after the preface or the table of contents. The Printer's colophon first appeared during Song dynasty, and was often seen in books in Yuan and Ming periods; but less seen in Qing period. The Printer's colophon usually includes information about the publisher and the publishing date, sometimes, also the publishing location and other information about the book. It is one of the important sources we use to determine the publishing date and edition of ancient books. This paper provides some basic information of the printer's colophon. The informative discussion is accompanied by some interesting facts and narratives.

---

① 沈津，哈佛燕京图书馆善本室前主任（Curator of Rare Books Collection, Harvard - Yenching Library），现为中山大学图书馆特聘专家。

Keywords:
Printer's colophons

在现存的中国古籍图书中，尤其是我们所能见到的宋元明清刻本中，有些还存有牌记。何谓牌记？牌记原指题有文字的板状标志，如布告牌、招牌、门牌等。古时官府用作凭证的小木板或金属板也称牌记。所以牌记有做标志或告示的性质。后来书肆借用其意，在所刻的书之首尾或序页后、目录页后，另刻一墨图记或有形状的牌子。牌子有钟形、葫芦形、荷盖莲座形、碑形、长方形、亚字形、圆形等，并在各种形状的牌子中刻上何年何月某堂某阁某轩某楼所刻或其他字样，这就是我们所说的牌记。牌记，宋代刻书即有，元明时，书坊、私家刻书多有效仿，清代的则不多。牌记中之文字，有详有略，多之数行，少则一行。

如果说牌记有什么作用的话，那就是可以作为版本专家鉴定版本的重要依据，以及为文献学者在研究中国古代图书出版史上提供不少有价值的信息。因为牌记多刻有出版者及刻书的时间，有些牌记还刻有本书的特点以及对出版者艰辛校刻的说明。所以，要了解某书版本项的刻书地点及刻书时间等，牌记所刻的文字是重要参考之一。

先师潘景郑先生序《宋元书刻牌记图录》云："南宋蹙居临安，设胄监以续雕椠之业，遍及私家坊肆，传刻益繁，间亦附识岁月，镌及牌记，藉睹一书之传绪，可当发轫之权舆焉。元代继宋之业，刻书演变不多，而牌记相应无异。明自万历以前，因仍宋元旧规，晚季渐有演变，衍成扉页专题书名、年月、出处，面目全非。至清代则几于每书扉页，各有署记，无所谓牌记矣。"牌记之产生、发展及消歇，于此可见一斑。

关于牌记，还有各种不同的情况，细说起来，很有点意思。

现存古书最早的牌记，似见于著名的《开宝藏》中。以《大般若波罗密多经》六百卷为例，此经为北宋开宝五年(972)刻元符三年(1100)印《开宝藏》本，其卷二百零六有牌记云："盖闻施经妙善，获三乘之惠因，赞诵真诠，超王趣之业果然。愿普穷法界，广及无边水陆群生，同登觉岸。时皇宋元符三年岁次庚辰八月日，庆赞记。库头僧鉴智、供养主僧鉴招、印经当讲僧法宪、都化缘报愿住持僧鉴峦。"又如《佛说阿惟越致遮经》三卷(存卷上)，北宋开宝六年(973)刻大观二年(1108)印《开宝藏》本。卷末牌记刻："熙宁辛亥岁仲秋初十日，中书劄子奉圣旨，赐大藏经板于显圣寺圣寿禅院印造。提辖管勾印经院事演梵大师慧敏等盖闻施经……觉岸。时皇宋大观二年岁次戊子十月日毕，庄主僧福滋、管居养院僧福海、库头僧福深、供养主僧福住、都化缘报愿住持沙门鉴峦。"牌记中可见《开宝藏》乃奉圣旨赐大藏经板于显圣寺圣寿禅院印造，包括分工合作，参与印书的僧人姓名。

历代所刻版本中，辽代刻本最为难得，盖因辽代文化既不繁盛，国祚亦复短暂。而辽刻牌记，也受到宋代刻书的影响，如辽太平五年(1025)刻本《妙法莲华经》八卷(存卷四)："经板主前家令判官银青崇禄大夫检校国子监祭酒兼监察御史武骑尉冯绍文已分之财，特命良工书写，雕成《妙法莲华经》壹部，印造流通。伏愿承此功德，迴施法界，有情同霑利乐。时太平五年岁次乙丑八月辛亥朔十五日乙丑记。"这是佛弟子私家出赀刊刻的。又如《金光明最胜王经》十卷，辽清宁五年(1059)刻大藏经小字本。卷十刻"左街仙露寺秘持大师赐紫比丘尼灵志雕造小字《金光明经》板一部，所集胜利先愿上资口宗皇帝太皇太后兴宗皇帝仙驾御灵，速生乐国，更愿皇太后皇后口口圣寿、皇太叔与妃诸王公主永纳殊祯，法界有情，同霑口口。清宁五年岁次已亥六月甲子二十三日丙子雕毕流通"。此则为寺院所刻。

牌记中文字有多寡之分，文字最少且内容最为简单的，如《潜室陈先生木钟集》十一卷，元建安吴氏友于堂刻本，有一香炉牌记，刻"建安吴氏"，另一方记"友于堂刊"。《纂图分门类题五臣注扬子法言》十卷，宋刘通判宅仰高堂刻本，牌记刻"麻沙刘通判宅刻梓于仰高堂"。再如《直音傍训尚书句解》十三卷，元泰定敏德书堂刻本，牌记上仅有"敏德书堂刊行"六字。

牌记上的文字越长，越能说明本书的特点或刊刻经过，是研究中国古代出版史、印刷术上的重要材料。我所见过的《重修政和经史证类备用本草》(元定宗四年(1249)张存惠晦明轩刻本)，大约是牌记中文字最多的一种，牌记上刻双龙戏珠，有篆文"重修本草之记"，下为龟形底座。有云："此书世行久矣，诸家因革不同，今取证类本尤善者为窠模，增以寇氏衍义，别本中方论多者，悉为补入。又有本经别录先附分条之类，其数旧多差互，今亦考正。凡药有异名者，取其俗称，注之目录各条下，俾读者易识。如蚤休云紫何车、假苏云荊芥之类是也。图像失真者，据所尝见，皆更写之。如竹分淡、苦、堇三种，食盐著古今二法之类是也。字画谬误，殊关利害，如升斗、疸疸、上下、千十、未末之类，无虑千数。或证以别本，质以诸书，悉为釐正，疑者缺之，敬俟来哲，仍广其脊行，以便缀缉，庶历久不坏。其间致力极意，诸所营制，难以具载，不敢一毫苟简，与旧本颇异，故目之曰重修。天下贤士夫，以旧鉴新，自知矣。泰和甲子下己酉冬日南至晦明轩谨记。”此牌记告诉读者及顾客的是，本书内容可靠，质量保证。

张存惠晦明轩刻的另一部书《增节标目音注精议资治通鉴》[元宪宗三年至五年(1253—1255)张宅晦明轩刻本]一百二十卷，在冯时行序后的牌记云：“《通鉴》一书，学者常病卷帙浩繁，未易遍窥，往往采摭切要，以便披阅，然或好尚不同，去取各异。惟此本寔东莱先生亲节，详而不繁，严而有要，标目音注，各有条理。然其间闻人异事，嘉言善行，间有遗脱者，证以监本，悉为补入。又每卷末，各附温公考异，随事增以诸儒精议，及诸纲目，其举要历，则见历代之年数；其君臣事要，则为事类之领会。又如纪传要括，秘承外纪，问疑释例，世系地理图之类，皆其精要，比之诸本，加数倍矣。纤悉备具，靡有缺遗，不欲私藏，爰攻梓以与天下贤士夫共之。泰和甲子下癸丑岁孟冬朔日，平阳张宅晦明轩谨识。”

牌记一般都不大，如庞然大物占据一页之地者不多见。如《尔雅》三卷，元大德三年(1299)平水曹氏进德斋刻本，牌记有一页大，刻“一物不知，儒者所耻，闻患乎寡而不患乎多也。《尔雅》之书，汉初尝立博士矣，其所载精粗钜细毕备，是以博物君子有取焉。今得郭学纯集注善本，精加订正，殆无毫发讹舛，用锓诸梓，与四方学者共之。大德己亥，平水曹氏进德斋谨志。”再如《坡仙集》十六卷，明万历二十八年(1600)金陵陈大来继志斋刻本，牌记占一整张，刻“万历庚子岁录梓于继志斋中”大字。

对于牌记所刻的位置，也有一些较特殊的例子，《一切如来心秘密全身舍利宝箧印陀罗尼经》一卷，宋开宝八年(975)刻本，图前文字应是牌记性质：“天下兵马大元帅吴越国王钱俶造此经八万四千卷，舍入西关砖塔，永充供养。乙亥八月日纪。”有的牌记在序的第一页“序”字之下，如《尔雅》三卷，元雪牕书院刻本，牌记内刻“雪牕书院校正新刊”。有的牌记在目录页前，如《新刊补注释文黄帝内经素问》十二卷，元后至元五年(1339)胡氏古林书堂刻本，牌记内刻“是书乃医家至切至要之文，惜乎旧本讹舛漏落，有误学者。本堂今求到元丰孙校正家藏善本，重加订正，分为一十二卷，以便检阅。卫生君子，幸垂藻鉴”。有的在目录页正式目录之前第二行，如《琼琯白玉蟾上清集》八卷，元建安余氏静庵刻本，刻“建安余氏刊于静庵”。有的甚至在卷一第一页右下空白处刻有牌记，如《古文会选》十卷，元至正二十四年(1364)王氏家塾刻本，就刻有“至正甲辰王氏家塾刊行”。以上这种情况，都是很少得见的。

牌记上的字体，多数为楷书，但也有作隶书或篆书的，但作草书者最少，如《重刊孙真人备急千金要方》三十卷，元刻本。

牌记中有直书一行、双行或更多至五行，也有多至十行者不等。如一行者，《周易程朱传义》二十四卷，明嘉靖福建建宁府知府曲梁杨一鹗刻本，卷二十四末有“福建建宁府知府曲梁杨一鹗重刊”一行。又书院刻本的牌记也有一行者，简单明了，如《豫章罗先生文集》十七卷，元至正二十五至二十七年(1365—1367)豫章书院刻本，有“至正乙巳秋沙阳豫章书院刊”。

牌记大小不一，形式亦各式各样，有的牌记的四边都有花纹图案，有的则是椭圆形、长方形、钟鼎形、亚形、琴形、荷盖莲座形、象(大象)形，甚至还有童子形的。

有的牌记似一张琴状。如《魁本大字详音句读孟子》二卷，元广阳罗氏刻本，牌记内刻“广阳罗氏鼎新刊行”。又如前面提到的《增节标目音注精议资治通鉴》一百二十卷，目录后有一琴状牌记，刻“平阳张宅印”，又有一钟形牌记，“晦明轩记”。

钟形牌记者，如《类编阴阳备用差穀奇书》口卷，元后至元三年(1337)刻本，牌记内刻“至元三年丁丑仲秋校正足本鼎新刊行”。

荷盖莲座牌记者，津所见颇多。此种形状的牌记，最早的在北宋，我早年见过的北宋刻本《金刚般若波罗密经》一卷，卷末有荷盖莲座牌记，但内里无字。元代杭州路余杭大普宁寺刻的《普宁藏》中，有《不空羂索心咒王经》卷上末也有荷盖莲座的牌记，内里刻的居然是西夏文字，而后来的元明刻本中似乎也没有文字。我所见到明代最早的有明成化刻本《白衣观音五印心陀罗尼经》一卷，荷盖莲座牌记内刻“奉佛锦衣卫信官韩安同室卫氏妙福等，于成化五年闰二月内，发心喜舍资财，印造《白衣观音五印心陀罗尼经》一千卷，祈求子嗣，所集功德吉祥如意者。成化五年月日。”明代比较早的，我还见有《殿阁词林记》二十二卷，明廖道南撰，明嘉靖三十一年(1552)书林詹氏就正斋刻本。目录后有牌记，刻“嘉靖壬子书林詹氏就正斋刊”。

此类荷盖莲座牌记至万历间坊本最盛，我曾收集到数十种之多。如《易经抉微》四卷图一卷，明版筑居刻三色套印本，卷四末有“金陵版筑居傅少山梓行”。又如《古文类选》十八卷，明隆庆六年(1572)顾知类、徐宏等刻本，牌记内刻“知归德府揭阳郑旻选，同知归德府济南魏宗方校，商丘县知县清河顾知类、归德府教授临川徐宏同订刻”。此书当是官府中人请坊肆所刻。再如《刻梅太史评释骆宾王文抄神驹》一卷，明万历三十五年(1607)刻本，牌记内刻“龙飞万历丁未岁刘龙田精梓发行”。再如《四书经言枝指纂》十六卷，明万历四十六年(1618)书林黄氏近岭刻本，牌记内刻“万历戊午之吉书林黄氏近岭重梓”。荷盖莲座形牌记，这种形式似乎在福建地区特别流行，这或许也和其时佛教盛行有关系。

童子牌记者，如《杜律二注》四卷，明嘉靖二十六年(1547)郏县熊凤仪退省堂刻本。有二牌记，一刻一着鞋面左小童双手托荷盖莲座长型木牌，内刻“嘉靖丁未秋九月刻于郏县之退省堂”；一刻一赤足正面小童双手托荷盖莲座长型木牌，内刻“嘉靖丁未秋九月刻于郏县之退省堂”。

框外有龙纹装饰者，如《经史证类大观本草》三十一卷，元大德六年(1302)宗文书院刻本，牌记有“大德壬寅孟春宗文书院刊行”二行。

牌记外上下有祥云图案者也不多见，如《奇妙全像西厢记》五卷，明弘治十一年(1498)金台岳家刻本。刻“尝谓：古人之歌诗，即今人之歌曲，歌曲虽所以吟咏人之性情，荡涤人之心志，亦关于世道不浅矣。世治歌曲之者犹多，若《西厢》曲中之翘楚者也，况闾阎小巷，家传人诵，作戏搬演。切须字句真正，唱与图应，然后可令市井刊行。错综无伦，是虽登垄之意，殊不便人之观，反失古制。本坊谨依经书重写绘图，参订编次，大字魁本，唱与图合，使寓于客邸，行于舟中，闲游坐客，得此一览，始终歌唱了然，爽人心意，命锓梓刊印，便于四方观云。弘治戊午季冬。金台岳家重刊印行”。

一书有二种牌记者也罕见，如《何氏语林》三十卷，明嘉靖二十九年(1550)何氏清森阁刻本，卷三刻“嘉靖庚戌华亭柘湖何氏繙经堂雕梓”，卷六刻“嘉靖庚戌冬柘湖何氏清森阁雕梓”。

牌记中亦有图画设计极精者，如《大广益会玉篇》三十卷《玉篇广韵指南》一卷，明弘治五年(1492)詹氏进德书堂刻本。牌记之上刻“三峰精舍”，中间为图，绘孔子中座讲学，左右两学生站立。左有“弘治壬子孟夏之吉”，右有“詹氏进德书堂重刊”。两旁之字上下并刻鱼尾状。十一年后，即明弘治十七年(1504)有黄氏集义书堂，又以弘治五年(1492)詹氏进德书堂刻本为底本，重为翻刻《大广益会玉篇》三十卷《玉篇广韵指南》一卷。封面重新设计，为上栏“集义书堂”，中间刻“新刊魁本大字足注玉篇”。左有“以类编文兼百家之体式”，右有“按图切字释千古之猜疑”。另有牌记，袭弘治本牌记之上刻“三峰精舍”，中间为图，绘孔子中座讲学，左右两学生站立。左有“弘治甲子孟夏之吉”，右有“黄氏集义书堂重刊”。两旁之字上下亦刻鱼尾状。又大中祥符牒文后有“弘治甲子岁黄氏集义堂新刊”牌记。此亦可证封面及牌记是不同的。

牌记中，最为实在的大约是医书中的牌记。宋建安余彦国励贤堂刻本《新编证类图注本草》四十二卷，目录页前有木记云：“本草之书，最为备急，出不可缺。旧有《神农》、《图经》、《证类》，板皆漫灭，大则浩博而难阅，小则疏略而不备，图相雕刻而不真，舛误者多。今将是书鼎新刊行，方以类聚，物以群分，附入衍义草木虫鱼，图相真楷；药性畏恶、炮炙制度，标列纲领，了然在目，易于检阅，色色详具。三复参校，并无毫发之差，庶使用者无疑，岂曰小补哉。伏幸详鉴。”目录页后有“建安余彦国刊于励贤堂”。此书为宋通直郎添差充收买药材所办验药材官寇宗奭编撰，又由勅授太医助教差充行在和剂办验药材官许洪校正，合唐慎微证类、寇宗奭衍义，加以图相炮制，汇为一编，首尾完整，极为难得。又如《新刊河间刘守真伤寒直格》三卷，元天历元年(1328)建安翠岩精舍刻本，牌记云：“《伤寒方论》，自汉长沙张仲景之后，惟前金河间刘守真深究厥旨，著为《伤寒直格》一书，诚有益于世。今求到江北善本，乃临川葛仲穆编校，敬刻梓行，嘉与天下卫生君子共之。岁次戊辰仲冬，建安翠岩精舍刊行。”

佛经的牌记多为祈福之语。如永乐《北藏》六千三百六十一卷，明永乐十九年至正统五年(1421—1440)刻本。牌记云：“天清地宁，阴阳和顺。七政明朗，风雨调均。百谷常丰，万类咸畅。烽警不作，礼教兴行。子孝臣忠，化醇俗厚。人皆慈善，物靡害灾。外顺内安，一统熙皡。九幽六道，普际光明。既往未来，俱登正觉。大明正统五年十一月十一日。”

明代的善书，尤其是私家所刻者多有牌记，内容亦多为祈福解难之语。如明景泰刻本《白衣大悲五印心陀罗尼经》一卷，末刻“差到处州府青田县前急递铺内，见此经发心，请回家侍奉。于丁亥年十二月五日果生一男，有此灵验法，通同妻连氏一娘，今用净财刊板印施，次冀万保，合人口遇诸事吉昌如意者”。又有莲座荷盖牌记云：“大明国京都顺天府大兴县靖恭坊居，佛信官孔祥、室人纪氏妙德，于正统十三年五月内，因病患不安，无伸（神）保佑，恭对三宝前，同发诚心，印施《五印心陀罗尼经》一千卷，用保平安吉祥如意者。景泰元年七月日散施。”又如明嘉靖四十五年（1566）陶恩刻本《佛说高王观世音经》一卷，末刻荷盖莲座牌记，内有“内织染局佥书官弟子陶恩奉佛，因为本官御马监掌印太监陈宪偶遭缧绁之中，弟子谨发虔心印造《高王观世音经》一千卷，保佑本官早得解脱此难，永保平安。嘉靖岁次丙寅仲春吉日施”。牌记外又刻“东四焊楼北边灵床胡同沈家印行”。这种佛经多为单刻本，也为功德之书，施舍与人以导人向善。

牌记中的内容，对研究文献学、版本学、出版史、印刷史的学者来说，颇有裨益，对图书馆里的专业人员来说，则是在编目、鉴定版本方面提供了切实的依据。

在各种牌记中，同时有施刻者、校对者、书写者及刻工的牌记，极为稀见。如《虎丘隆和尚语录》一卷，明万历二十年（1592）崑山顾绍芳刻本，卷末有牌记云：“左春坊左赞善兼编修崑山顾绍芳施赀刻此《虎丘隆和尚语录》一卷，昌黎沙弥释净裰对，搓溪王国英书，溧水端继惠刻。万历壬辰春五台山紗德庵识。”此书为《径山藏》零本。

也有一书之刊刻年代、地方、刊刻者的牌记，如《初学记》三十卷，宋绍兴四年刻本，牌记刻“东阳崇川余四十三郎宅，今将监本写作大字，校正雕开，并无讹谬。收书贤士，幸详鉴焉。绍兴丁卯季冬日谨题”。又如《四书集注》二十一卷，元至正二十二年（1362）沈氏尚德堂刻本，牌记内刻“至正壬寅武林沈氏尚德堂刊”。在国内鲜见的《新刊五百家注音辩唐柳先生文集》四十五卷，为元俞良甫刻本，卷四十五末有小牌记，刻“祖在唐山福州境界福建行省兴化路莆田县仁德里台谏坊住人俞良甫，久住日本京城阜近，几年劳鹿，至今喜成矣。岁次丁卯仲秋印题”。俞良甫为寓居日本之华裔，按日本古版《传法正宗记》卷末云：“福建兴化路莆田县仁德里住人俞良甫，于日本嵯峨寓居，凭自己财物，置板流行。谨题。”俞氏还刻有《月江语录》、《传法正宗记》。如没有牌记上的文字，人们就无法得知寓日先民俞良甫刻书的史实。

有些牌记，还可探知该书的内容特点，如宋姚铉辑《唐文粹》一百卷，明嘉靖张大轮刻本，书后有牌记云：“《唐文粹》，闽坊旧本舛不可句，苏州近本视昔加善，第中间缺误尚多，盖校仇之渐，其势有如此者。政暇参伍他书，偶有所得，因命郡庠生魏耕阳、应诏谢阜录付坊间梓行。仍习之讹，犹有未得者，不能不致望于海内文献之士也。嘉靖六年冬十月甲子后学东阳张大轮识。”又如《注陆宣公奏议》十五卷，元至正十四年(1354)刘氏翠岩精舍刻本，序后有牌记云：“中兴奏议，本堂旧刻盛行于世，近因回禄之变，所幸元收谢叠山先生经进批点正本犹存，于是重新绣梓，切见棘闱天开，策以经史时务。是书也，陈古今之得失，酌时务之切宜，故愿与天下共之。幼学壮行之士，倘熟乎此，则他日敷奏大廷，禹皋陈谟，不外是矣。至正甲午仲夏，翠岩精舍谨志。”

某书所据之底本，也可从牌记中获知，如杭州沈二郎经坊刻《妙法莲华经》七卷，有云：“本铺将古本《莲经》一一点句，请名师校正重刊。选拣道山场抄造细白上等纸札，志诚印造。见住杭州大街棚前南钞库相对沈二郎经坊新雕印行。望四远主顾，寻认本铺牌额，请购，谨白。”又如《书经集注》十卷，宋蔡沈撰，明万历五年(1577)窦文照写传芳书屋刻本。此本牌记云：“五经四书，举业首务，旧刻颇称善。迩来缕板滋多，不加考正，遂致鱼鲁相溷。而蒙师按本传授，终身染习，误莫大焉。余自请假南旋，侍亲之暇，阅诸典籍，得崑山沈氏所刻《四书》，缮镂工致，诚可爱而传。爰思吾郡甲于两浙，每以书经掇高第，兹不校刊，是诚缺典。乃宗家藏旧本，日加钉正，书之以授诸梓。字画音释，明确无讹，视肆中所售霄壤矣。读者免风叶之叹，亦为斯文一助云。万历丁丑岁。槜李后学窦文照谨识。”

牌记中亦可知某书刊刻者之名姓，如《二史会编》十六卷，明嘉靖四十年(1561)刻本，卷十六末刻“钦差巡抚云南等处地方都察院右佥都御史蒋会同巡按云南监察御史王、孙案行云南布政司遴委云南寻甸等府儒学教授陈天秩、训导许伯督同生员杨藻校刊。嘉靖四十年五月日谨识”。如《王忠文公文集》二十四卷，明嘉靖元年(1522)张齐刻本，卷二十四末牌记刻“嘉靖改元十月四日，分守浙东道委官金华府同知张齐校刊"。

牌记中题书院刻者,如《纂图互注春秋经传集解》三十卷,宋龙山书院刻本,牌记内刻"龙山书院图书之宝"。

至于私家刻书的细节,牌记也有呈现,如《新刊名贤丛话诗林广记》前集十卷后集十卷,宋刻本。此本目后有木记,云:"予性颇爱书,一书未有,必罄囊市之,窘于厥志未伸,群书无由悉备。凡所有者,不过薄于自奉以致之耳。间有先世所遗,十不一二,凡我子孙,宜珍惜宝爱,以承厥志,苟不思得之之难,轻视泛借,以致狼籍损失,不孝之罪莫大焉。至于借匿阴盗之徒,又不仁不义之甚者矣。予故著之简端,使借者守者惕然知警云。大冢宰从孙句容曹淇文汉谨识。"如《汉书》一百二十卷,明崇祯十二年(1639)苏州葛鼎刻本,在序后之次叶有葛锡璠等十四人衔名,后半有单边牌记,云:"先君子笃嗜古学,自经史诸子,迄唐宋大家,靡不严加订辑,手自点次。捧读遗编,丹黄如昨,不胜感痛。校而刻之,用以广先君子之教尔。崇祯已卯十月望日男鼎谨识。"

家塾刻本也属家刻本之范畴,其牌记亦简略,往往仅刻某氏家塾等字样,如《周易》九卷、《春秋经传集解》三十卷、《论语集解》十卷,均为元岳氏荆谿家塾刻本,牌记上也都有"相台岳氏刻梓荆谿家塾"。《汉书》一百卷,宋庆元元年(1195)建安刘元起刻本,牌记内刻"建安刘元起刊于家塾之敬室"。《汉书》一百卷,宋蔡琪家塾刻本,牌记内刻"建安蔡纯父刻梓于家塾"。《后汉书》九十卷,宋建安黄善夫刻本,牌记内刻"建安黄善夫刊于家塾之敬室"。《少微家塾点校附音通鉴节要》五十六卷《外纪》四卷,元至治元年(1321)彭氏钟秀家塾刻本,牌记内刻"至治辛酉彭氏钟秀家塾新刊"。

表示新刊的牌记,如《大广益会玉篇》三十卷,元延祐二年(1315)圆沙书院刻本,牌记内刻"龙集乙卯菊节圆沙书院新刊"。《诗集传附录纂疏》二十卷,元泰定四年(1327)翠岩精舍刻本,牌记内刻"泰定丁卯仲冬翠岩精舍新刊"。

表示重刊的牌记,如《方是闲居士小稿》二卷,元至正二十年(1360)屏山书院刻本,有"至正庚子仲冬屏山书院重刊"。另《书集传》六卷《书图》一卷,元至正十一年(1351)德星书堂刻本,牌记内刻"至正辛卯孟夏德星书堂重刊"。《诗集传名物口音释纂辑》二十卷,元至正十一年(1351)双桂书堂刻本,牌记内刻"至正辛卯孟夏双桂书堂重刊"。这二种书是二家书坊同年同季所刻,牌记中的文字除出版者外，其他都相同。

可知某书为补刻本的牌记，如《论衡》三十卷，宋乾道三年（1167）绍兴府刻宋元明递修本，有“正德辛巳四月吉旦南京国子监补刊完”。

大约是对于不耻之徒盗刻图籍之痛恨，刻书者在牌记中也会表白态度，予以鞭挞。《唐会元精选批点唐宋名贤策论文粹》八卷，明叶锦泉刻本，其牌记云：“告白士夫君子。此书乃唐公亲自批点校正，字样无差，今被本行无籍棍徒，省价翻刻，批点字画，差错甚多，亦无校正，哄骗人财，况价一般。买书君子，恐费唐公精选批点之功，务要辨认端的。此牌为记，见住三山衔，浙江叶氏锦泉印行。”

也有并非牌记，只是在卷末刻一行字而并无框者，如《黄氏补千家注杜工部诗史》三十六卷，元至元二十四年（1287）詹光祖月崖书堂刻本。有“武夷詹光祖至元丁亥重刊于月崖书堂”字一行。又如宋书棚本几乎都在卷末有一行刻书文字，如《王建诗集》十卷，宋临安府陈解元宅刻本，有“临安府棚北睦亲坊巷口陈解元宅印行”字一行。《文选五臣注》，宋绍兴杭州猫儿桥笺纸马铺钟家刻本，卷三十末有“杭州猫儿桥河东岸开笺纸马铺钟家印行”字一行。

无论是家刻或坊刻，牌记上往往有类似商业广告性质的文字，尤其是专以营利为目的坊刻，除向顾客传布书本信息，以达销售目的外，同时也暗含同行业竞争的“品牌意识”。以元刻本《书集传》六卷为例，其牌记云：“两坊旧刊诗书集传，俱无音释，览者有遗恨焉。本堂今将书传附入鄱阳邹氏音释，诗传附入金华许益之名物钞音释，各依名儒善本点校，句读仍取纂图，寘之卷首，大字刊行，精加校正，无差庶几，读者豁然无疑矣，与坊中旧本玉石判然，收书君子幸鉴。至正甲午孟春日新书堂谨记。”又如《精选名儒草堂诗馀》三卷，元刻本，总目后有牌记，“唐宋名贤词，行于世尚矣。方今车书混一，名笔不少，而未见之刊本。是编辄欲求备不可，姑摭拾所得，才三百余首，不复次第，刊为前集。江湖天宽，俊杰何限，傥有佳作，毋惜缄示，陆续梓行，将见愈出而愈奇也。”再如《类编增广黄先生大全文集》五十卷，宋乾道麻沙镇水南刘仲吉宅刻本，“麻沙镇水南刘仲吉宅，近求到《类编增广黄先生大全文集》，计五十卷，比之先印行者增三分之一，不欲私藏，庸馋木以广求传，幸学士详鉴焉。乾道端午识”。

任何一个朝代的商人，都极为讲究招牌，因为招牌起着广告的作用，而牌记也能体现。宋建安魏仲立宅刻本《唐书》,牌记云:"建安魏仲立宅刊行。收书贤士,伏幸详鉴。"所谓"不怕不识货,就怕货比货",货比三家,是不少人购买商品的心理反映。此不多之文字,就是要让"收书贤士""详鉴",认清"建安魏仲立宅"的招牌。又如明万历十九年(1591)书林陈春积善堂刻本《新刊重考全补发微历正通书大全》四十卷,牌记云:"通书一书,名色杂出,五行倒论,秘传悉湮。兹因受凌冈全补历正通书一部,命工锓梓,荣惠天下,以便选览。凡我四方君子,务要认取书林后街积善堂茂和续刊,增补图局,明白标题,方为的实者。万历壬辰年孟春月吉旦日陈氏刊行。""凡我四方君子,务要认取"者,即要认明积善堂陈茂和者。

牌记中的广告语,实际上是人们的商品意识以及经营手段的进一步体现,作为"生意经"中的一个环节,是在通过词汇、句式乃至语篇的表达形式上,使顾客产生兴致,而付银购书。明万历间,杭州有书坊 24 家,苏州有 37 家,南京竟达 93 家,店多成市,且相对集中。如前段中之"书林后街"当为书坊集中之街道,既有"后街",必有"前街"。所以,牌记中的广告语是创意的重要竞争手段,它作为一种实用文体,有其独特的文字风格,如若有学者研究古代的商业宣传用语,那这些牌记文字,不啻为极有价值的材料。

虽然牌记作为版本鉴定的重要依据,不过,有一点需引起注意的,那就是有些翻刻本,就将所据以刊刻底本上的牌记照样翻刻,最典型者为《玉台新咏》。还有一种情况,不良书估也会在图书流传过程中,在牌记上作伪,将原书牌记全部剜去,或剜去牌记中之关键字,以蒙骗藏家,以充更早时刻本。书估做假,花头之多,会使人眩然,甚至误判,试举一例:

使藏家及专家学者上当受骗最多者,以津所知,为《新笺决科古今源流至论》前集十卷后集十卷续集十卷别集十卷。明代的几个版本中,最难搞清楚的就是明宣德二年建阳书林刘克常刻本。此本在目录页后有牌记,刊"《源流至论》一书,议论精确,毫分缕析,场屋之士得而读之,如射之中乎正鹄,甚有赖焉。然此书板行于世久矣,先因回禄之余,遂为缺典。本堂今求到邑校官孟声董先生镛抄本,欲便刊行,惟恐中间鲁鱼亥豕者多,更于好事外访购到原本,端请名儒重加标点,参考无误,仍分四集,敬寿诸梓,嘉与四方君子共之。幸鉴。宣德疆圉协洽之岁仲夏,建阳书林刘克常敬识"。故此书之版本应为明宣德二年建阳书林刘克常刻本，日本内阁文库藏本中有宣德二年刘克常刻本牌记。然而多种书志、书目、书影均将此明宣德刻本著录为元刻本，如丁丙《善本书室藏书志》、南京国学图书馆所《盋山书影》、杨氏《海源阁书目》、《北京图书馆古籍善本书目》、《上海图书馆古籍善本书目》(稿本)、台北《"中央"图书馆古籍善本书目》、《"中央"研究院史语所傅斯年图书馆古籍善本书目》等。上海图书馆所藏此本二部，第一部牌记"疆圉协洽之岁仲夏建阳书林刘克常敬识"之"疆圉"前二字，及卷端第一行下"前集"二字被挖去。第二部牌记则全被挖去。美国哈佛大学哈佛燕京图书馆藏本，曾经李致忠考证，并参考《北京图书馆善本书目》，认定为元至正二十七年刘克常刻本。今《北京图书馆古籍善本书目》(1987年，书目文献出版社)著录此书两部，仍误作"元至正二十七年建阳书林刘克常刻本"。台北"国家图书馆"全帙二部，目录页后牌记皆有书估割裂痕迹。

《至论》的宣德二年(1427)建阳书林詹氏刻本、宣德二年(1427)建阳书林朱士全刻本，很多重要学者、专家在鉴定著录中也有失误，关键就在于受到书估篡改过的牌记的误导。《至论》还有一个版本，是弘治二年(1489)梅隐书堂刻本，也是易为书估作伪的本子。台北"故宫博物院"所藏为原沈氏研易楼藏书，此本前集目录页末尾题前原有六行牌记，已遭估人割去。罗振常跋将此弘治本看成了元刻本，也是偶然的一次失误。台北"故宫"的版本专家，因此本之木记被割去，未审所云，只好先依据前人之鉴定，"姑定为元刻，以俟后考"。再如《增修附注资治通鉴节要续编》三十卷，为明宣德九年(1434)朱氏尊德书堂刻本，此本目页下镌牌记"宋礼部员外郎兼国史院编修官李焘编，书林增入音释批点校正重梨，大德甲寅朱氏尊德书堂印行"三行。按，大德无甲寅，此牌记"大"字，系后人剜去"宣"字后重加，故此为宣德本。

有意思的是，明代万历及万历以后的版本，有牌记的很多，但是清代，无论公家、私家、书坊，在它们所刻的大量图书中，有牌记者甚少。津尝翻过一万五千余部清代及民国出版的线装书("哈佛燕京"有二万部)，包括善本及普通本，也注意到这种现象，目前无暇，待诸它日，当可细思。或许此种现象，早有高手做过研究，也不得而知。

介乎于牌记上的说明文字之外，书肆的刻本在目录页或前或后、或在卷末，往往亦有类似的说明、识语、刊语文字出现，文字似刻书告白。这种情况在宋代刻本中即有。如宋刻本《抱朴子》卷二十末刻“旧日东京大相国寺东荣六郎家，见寄居临安府中瓦南街东，开印输经史书籍铺。今将京师旧本《抱扑子》内篇校正刊行，的无一字差讹，请四方收书好事君子幸赐藻鉴。绍兴壬申岁月旦日”。北宋时之东京，即今之开封。《东京梦华录》中云：“相国寺大街皆是幞头腰带经籍铺。”又《苏文忠公文集》卷六《乞赐州学书板状》云：“寺东门大街皆是幞头腰带经籍铺。”荣六郎家书籍铺，旧时即在东京大相国寺东，后因靖康之难，由旧京师避祸而迁至临安者。此种告白表明该铺是老字号，为旧铺新张，且质量保证。

宋绍熙建阳余仁仲刻本《春秋公羊经传》之何休序后有刊语六行，云：“《公羊》、《穀梁》二书，书肆苦无善本，谨以家藏监本及江浙诸处官本参校，颇加釐正，惟是陆氏释音字，或与正文字不同。如此序‘醲嘲’，陆氏‘醲’作‘让’，隐元年嫡子作適归，‘含’作‘晗’，召公作‘邵’，桓四年曰‘蒐’作‘廋’。若此者，众皆不敢以肊见更定，姑两存之，以俟知者。绍熙辛亥孟冬朔日，建安余仁仲敬书。”

而元代的坊间也延续了宋代的这种文字形式，如元代翠岩精舍刻《渔隐丛话》，在目录标题后有六一堂刻书告白，云：“车书一家，文风鼎盛，经史诸集，焕然一新。至于诗家评话，刊行尤多，惟《渔隐丛话》是又集诗家之大成者，尚此阙焉。元来善本，已有舛误，况板经九十余年，讹脱尤甚。今本堂广求古今文集，补讹订舛，重新绣梓，庶可备牙籤三万轴之储，锦囊三千首之助。高山流水，必有赏音。六一堂馀白。”

《伯生诗续编》，目录后的刻书识语曰：“是集乃学士晚年所作，比常作尤为得意，敬刻梓与骚坛共之。时至元后庚辰刘氏日新堂谨识。”刘氏日新堂，自元至明，近二百年之久，刻书甚多。此亦典型之广告用语。

再如元刻本《韦苏州集》之卷末，刻有“韦应物居官自愧闵闵，有衈人之心。其诗如深山采药，饮泉坐石，日晏忘归。孟浩然如访梅问柳，偏入幽寺，二人趣意相似，然入处不同。韦诗润者如石，孟诗如雪，虽淡无采色，不免有轻盈之意。德祐初初秋看二集并记。须溪”。此段文字后又刻“孟浩然诗陆续刊行”八字。这二段文字，当可知坊肆借刻《韦苏州集》，将刘须溪对韦应物、孟浩然的评价，设计成新书广告，也是生意经之一招也。

牌记，或者也可看成是今天出版的图书上的版权页的先声，然而后者毕竟更为踵事增繁了。千年以后的今天，事物的发展，更是超乎古人的想象。现今的版权页上包括出版社的地址、邮编、发行人、书号、印张、字数、册数、条形码等等，都是前人所不能想到的。然而，在这些细致而复杂的信息背后，我们似乎也能看到异时空中其前身古色古香的身影。

裘开明与哈佛燕京图书馆[①]

◎ 吴文津撰　胡嘉阳译[②]

摘要：

概述哈佛燕京图书馆第一任馆长裘开明对北美东亚图书馆的贡献。

关键词：

裘开明；哈佛燕京图书馆；北美东亚图书馆

A. Kaiming Chiu and the Harvard - Yenching Library

◎ Eugene W. Wu, tr. by Chia - Yang Hu

Abstract:

Kaiming Chiu, the first director of the Harvard - Yenching Library, and his contributions to the development of East Asian libraries in North America。

Keywords:

Kaiming Chiu; Harvard - Yenching Library; East Asian Libraries in North America

---

① 此文为1984年吴文津在亚洲学会年会 Building East Asian Research Collections in America: Pioneers and Their Achievements 的研讨会上发表的报告，题名为 *A. Kaiming Chiu and the Harvard - Yenching Library*。收入 *Committee on East Asian Libraries Bulletin*, 74, (June 1984) pp. 2—6 及 *Bridging Cultures, Chinese American Librarians and their Organization: A Glance at the Thirty Years of CALA, 1973－2003*（《架起中美文化的桥梁——华人图书馆员协会回眸三十年，1973－2003》）（桂林：广西师范大学出版社，2004），pp. 26—33。

② 吴文津，继裘开明后，1965—1997年为哈佛燕京图书馆馆长（Librarian of Harvard - Yenching Library, Harvard College Library）。胡嘉阳，哈佛燕京图书馆中文采购参考部前主任（Chia - yaung Hu, Librarian for the Chinese Collection, Harvard - Yenching Library, Harvard College Library）。据程焕文编《裘开明年谱》（桂林：广西师范大学出版社，2008）以及网络资料作注。

裘开明这个名字长久以来就是美国东亚图书馆的代名词。他在中国和美国分别接受了图书馆管理学的专业训练后，就被美国大学聘请作为东亚图书馆的馆长近40年之久，是美国大学中被任用的第一位东亚图书馆馆长，并且是在位最久的一位。但是他真正的成就不只是这样独特而令人羡慕的记录，更在于他对美国东亚图书馆的发展作出的杰出贡献。

他1898年出生在宁波附近镇海的一个商人家庭，从小被送到乡下叔辈所办私塾诵读四书五经。几年后，他便被送到汉口文明书店（后来成为有名的中华书局）分店当过一年半的学徒。在那一年半中，裘先生说他开始对图书感兴趣，并且对经济学和商业管理也有了粗浅的认识。1911年辛亥革命后，他被送到长沙一个教会学校学习西学，然后得到武昌文华大学奖学金入学。在文华，他从自美国、加拿大、英国来的教师学习英文、法文、德文、历史和数学。因此他早年即接受了西式教育。这种熏陶帮助他扩展了视野，并有利于他日后到美国在学术和专业方面的追求。当韦棣华女士（Mary Elizabeth Wood，1861—1931）于1920年在中国成立第一所图书馆学校——文华大学图书科时，裘先生是六个首批入学的学生之一。他暑假则在商务印书馆的藏书楼涵芬楼（东方图书馆的前身）实习。1922年毕业后就任厦门大学图书馆首任馆长。因为当时厦门深受日本影响，他便开始学习日文；同时还旁听国文系著名诗人陈衍[①]的课。由于为图书馆采访图书，他认识了以出版精良刻本著名的广东广雅书局的经理徐信符[②]，向他学习了中国目录学。在厦门大学，他还认识了著名的欧洲

---

① 陈衍（1856—1937），近代诗人，字叔伊，号石遗，福建侯官（今福州市）人。清光绪八年（1882）举人；曾是台湾巡抚刘铭传、湖广总督张之洞幕僚；民国后，在南北各大学执教，编有《福建通志》。

② 徐信符（1879—1947），名绍棨，字信符（也作舜符），以字行，原籍广东番禺。1898年考录为博士弟子员，后为著名藏书家，对岭南地方文献的收藏、整理、研究卓有成就。1917年广东省长李耀汉指令恢复广雅书局，设立广雅板片印行所，从属广东图书馆，由徐负责管理。编辑《广雅丛书》，于1920年出版。

汉学家 Gustav Ecke(艾锷风)[①]和 Paul Demieville(戴密微)[②],还有后来在中国文学界著名的鲁迅和林语堂。

1924 年厦门大学派送裘馆长至美国纽约公共图书馆图书馆学学校(The Library School of the New York Public Library,哥伦比亚大学图书馆学学院[The School of Library Service at Columbia University]的前身)研读图书馆学。一年后他入哈佛大学研究院(Graduate School at Harvard University)研读经济学;就读时,每星期到哈佛大学韦德纳图书馆(Widener Library)义务工作数小时,以取得编目的经验。1927 年在他已经得到硕士学位,并且完成了一些博士课程后(1933 年得博士学位),他接受了韦德纳图书馆给他的一份工作,整理该馆所收藏的中日文书籍。按照裘馆长后来追述,当时哈佛大学图书馆馆长 Archibald C. Coolidge 教授对他这样讲:"不要担心在美国接受图书馆学训练时间很短,就按照你在中国时的做法去整理和编目那些书籍。"当时美国东亚图书管理专业尚未开展,对一个开拓者是机会也是挑战,需要坚定的毅力和不懈的努力。裘馆长本着典型的拓荒者精神接受了这份工作,充满了精力、热心、想象、谋略,自荆棘中找出出路,用理想和远见在这片荒芜的土地上竖立了不少重要的里程碑,为后来者遵循。

他在哈佛的第一项主要任务就是为美国图书馆中文和日文资料设计一套分类法。因为当时无法自中国或日本借用一套全面并可被美国图书馆接受的分类法,裘馆长结合他的创意和知识,设计了一套独特而创新的分类法。他将中国传统四库分类延伸到九类,以西方的数目字来代表,书号则取自作者名字的四角号码。他 1927 年撰文 *Classification in China* 诠释四库要义,发表于 *Library Journal*。1929 年,他又写了《裘开明哈佛大学中国图书分类法凡例》发表在《文华图书科季刊》(*Boone Library School Quarterly*)。1933 年将此文修改后以《哈佛燕京图书馆中文图书分类法》发表在《燕京大学图书馆报》

---

① 艾锷风(Gustav Ecke,1896—1971),德国汉学家,研究中国艺术,1923—1928 年执教厦门大学。

② 戴密微(Paul Demieville,1894—1979),法国汉学家,敦煌学重要学者,1924—1926 年执教厦门大学。

(*Yenching University Library Bulletin*)上。经过16年的应用，历经冯汉骥①、于震寰②进一步的修正，这套分类法终于在1943年以《汉和图书分类法》(*A Classification Scheme for Chinese and Japanese Books*)由美国学术团体联合会(American Council of Learned Societies)下的远东学会(原名Committee On Far Eastern Studies，为亚洲学会[Association for Asian Studies]前身)在华盛顿出版。这套分类法极受欢迎，被美国、加拿大、英国、荷兰、澳洲等的22个主要东亚图书馆采用。虽然过去十年间这些图书馆中有一些已经改用国会图书馆分类法，但是过去采用哈佛分类法分类的资料仍然保持原用的编号。这正可作为裘开明对美国东亚图书馆作出最重要的贡献的证物。

裘馆长在哈佛的另一项创新便是在编目卡上作者和书名除了使用中文、日文外，还加上罗马拼音，使美国图书馆的中日文编目卡片也能按英文字母排列。这种史无前例的创新如今已成为常规了。裘馆长在哈燕馆③建立的中日文编目卡片目录均以罗马拼音排列。往后建立的分类卡目录亦以此法排列。东亚馆使用主题卡是很多年后的事。裘馆长当时采用分类目录提供主题目录的功能，是开东亚馆使用主题检索之先河。

裘馆长也是馆际合作的开拓者。当哈燕馆于1928年开始用旧时蓝墨水复

---

① 冯汉骥(1899—1977)，湖北宜昌人。1919年入武昌文华大学文科，1921年入图书科，1923年毕业后历任厦门大学图书馆、河北省图书馆、湖北省图书馆、浙江大学文理学院图书馆主任；1931年10月被哈燕馆聘为编目员。1933年8月15日离职，前往宾州大学深造，1936年获人类学博士学位。当裘馆长1936年夏回中国时，他于9月1日开始代理汉和图书馆馆长至1937年7月回国。回国后从事考古研究工作。1949年后历任西南博物院副院长、四川大学历史系考古教研室主任兼四川省博物馆馆长。

② 于震寰(Zunvair Yue，1907—1999)，字镜宇，山东蓬莱人。1933年毕业于私立武昌文华图书馆学专科学校；1927—1935年在国立北平图书馆任职；1935年到国立北京大学图书馆任中文编目主任；1936年开始在南京中央图书馆工作；1939年12月1日以交换馆员身份被邀请到哈燕馆协助日文编目工作；1946年7月回到中央图书馆担任采访组主任；1948年被哈燕社聘为副馆长，主管日文资料；1951年还兼管新成立的韩文收藏；1959年开始负责参考咨询，兼管满蒙藏文资料，一直工作到1973年6月退休。

③ 哈佛燕京图书馆1928年成立时为Chinese and Japanese Collection, Harvard College Library(哈佛大学图书馆汉和文库)，1936年改为Chinese and Japanese Library of the Harvard Yenching Institute at Harvard University(哈佛燕京学社汉和图书馆)，1965年改为Harvard - Yenching Library(哈佛燕京图书馆)。1976年归属哈佛文理学院为Harvard - Yenching Library, Harvard College Library, Harvard University。本文以哈燕馆统称。

印编目卡片时，他在那年的年终报告中写道："这种做法可促进中文书籍合作编目的工作。"因此自1935年到1938年哈燕馆将此种用蓝墨水复制的编目卡片提供给其他东亚图书馆使用。自1938年到1944年又提供在北平印刷的编目卡片以及一些在剑桥石印的编目卡片给其他东亚图书馆。当1943年美国图书馆协会决定采取自重庆统筹采购中文资料以航空邮寄来美的措施时（The ALA China Cooperative Book Purchasing Program），哈燕馆同意接受这批书刊，将其编目并复制卡片分发给各东亚馆。当时在哈佛印刷局（the Harvard Printing Office）印刷的这些中文编目卡片是在美国印刷中文编目卡片的开端。直到1949年国会图书馆开始复制和分发美国各东亚馆东方资料的编目卡片时（Oriental Card Reproduction Program），哈燕馆方结束其供应编目卡片的工作。在此之前，哈燕馆已经分发的编目卡片总数为19000张。自1949年到1958年国会图书馆从事此项工作时，裘馆长总是确保完成哈燕馆分担的部分，提供了28000张编目卡片，超过国会图书馆复制分发的卡片总数的1/3。

裘馆长对馆际合作的重视还表现在其他方面。早在1928年他刚上任之后，即开始做与中国和日本图书馆建立交换关系的准备工作，也开始将所藏期刊呈报国会图书馆联合期刊目录。在1942年美国东方学会（The American Oriental Society）年会上，他呼吁出版东亚资料联合目录。为此他于1945年将哈燕馆日文15000张分类编目卡片拍摄成缩微胶卷提供给国会图书馆，作为国会图书馆当时筹划出版日文书籍联合目录之用。1952年他再次呼吁出版联合目录一事，建议从中日文期刊开始。但因资金缺乏，他的建议不幸未能实现。自1953年始他作为远东学会代表参加美国图书馆协会东方资料编目特别委员会（ALA's Special Committee on Cataloging Oriental Materials）和国会图书馆东方资料处理委员会（LC's Oriental Processing Committee）合作发展建立东亚资料编目规则的工作。为此他发表了*Harvard Proposals for Modification of ALA Cataloging Rules*。自1957年始所有东亚图书馆均采用这个特别委员会设定的编目规则，奠定了美国东亚资料编目的基础。

作为一个图书馆员，裘馆长特别重视服务。没有什么比读者能使用他辛苦收藏来的资料更令他快乐和感到满足。他不是一个保守的图书监管员，小心守护他的宝藏，而是以"服务"为重的图书馆员，认为图书馆本身没有存在的价值，其价值在于为读者提供服务。为了让哈佛之外的学者对哈燕馆收藏有更清楚的认识，他于1936年到中国监督哈燕馆所藏中文资料分类目录的出版。自1938年到1940年出版了《美国哈佛大学燕京学社汉和图书馆汉籍分类目录》(*A Classified Catalogue of Chinese Books in the Chinese - Japanese Library of the Harvard - Yenching Institute at Harvard University*)经学类、哲学宗教类、历史科学类三册，创美国东亚馆出版目录的先例。不幸的是，虽然其余的目录校定稿已经送往剑桥，这项工作因为太平洋战争爆发，随后在北平印刷目录的哈佛燕京学社引得编纂处印刷厂被摧毁而停顿。随着已经出版的三册目录，他还将三册内的个别卡片分别印刷分发给美国各东亚馆为其编目所用。

本着如上为读者服务的理念，他于1954年促使《哈佛大学汉和图书馆日本全集丛书目录》(*Japanese Collected Works and Series in the Chinese - Japanese Library at Harvard University*)的出版，并在1961年发表《哈佛大学哈佛燕京学社汉和图书馆藏明代类书概述》(*An Annotated Catalog of Ming Encyclopedias and Reference Works in the Chinese - Japanese Library of the Harvard - Yenching Institute at Harvard University*)，而后又撰《四库失收明代类书考》(*Ming Encyclopedias and Reference Works Unrecorded in the Ssu - k'u ch'uan - shu*)收录于1969年香港中文大学《中国文化研究所学报》第二卷第一期。

裘馆长以乐于助人闻名中外。无论是新生或资深的学者，只要向他求教，他都热心协助。当我初来哈佛时，他就告诫我不要让读者空手而去。他就是本着这种精神为读者服务的。

裘馆长不仅毫不保留地为哈燕馆服务，同时也毫不保留地协助其他东亚馆的发展。20世纪30年代初他协助哥伦比亚大学发展其东亚馆藏，并协助史丹佛大学开始其中文书的编目。二战后，柏克莱加州大学及胡佛研究所成立东亚馆时均曾向他求教。1965年自哈燕馆退休后，他马上接受明尼苏达大学图书馆邀请去重整其东亚收藏；其后又被香港中文大学延聘为该校大学图书馆第一任馆长，服务四年，成绩卓然。除此之外，他的影响力还间接地延伸到海内外。他曾吸收了不少人才为哈燕馆工作，随后有些人转移他地，各自发挥其专业才干。其中包括后来成为普林斯顿大学图书馆助理馆长兼主管葛斯德东亚图书馆的童世纲[①]及与 Arthur W. Hummel(恒慕义)、L. Carrington Goodrich(傅路德,又名富路特)分别合作编纂《清代名人传略》(*Eminent Chinese of the Ch'ing Period, 1644－1912*)、《明代人名录》(*Dictionary of Ming Biography, 1368－1644*)的房兆楹、杜联喆[②]夫妇;这两种巨著成为往后汉学研究不可或缺的参考书。其他尚有后来成为燕京大学图书馆馆长的田洪都[③]、国立北京图书馆参考咨询馆员的邓衍林[④],以及现在还在北京大学图书馆系任教的陈鸿舜[⑤]。

任何关于裘馆长在东亚图书馆界开创工作的描述,如未提及他在哈燕馆的收藏,均不可称为完整。而他在哈燕馆的典藏史足可另行开章详述。简而言之,裘馆长为图书馆界的巨人,他在哈佛几乎从无开始而建立了西方最丰富的

---

① 童世纲(James Shih - kang Tung,1911—1982),湖北汉川人。1933 年毕业于私立武昌文华图书馆学专科学校。就读前在国立北平图书馆工作两年,毕业后到南京中央陆军军官学校图书馆以及国民党军政单位工作。1946 年 8 月到哈燕馆工作,同时在波士顿大学读书,获得公共管理学硕士学位。1951 年 1 月辞职,赴普林斯顿大学葛思德东亚图书馆任中文编目。1952 年继胡适为馆长,一直到 1977 年退休。

② 房兆楹(Chaoying Fang, 1908—1985),出生于天津。1928 年毕业于燕京大学数学系;1930 年毕业于私立武昌文华图书馆学专科学校。1930—1932 年担任燕京大学图书馆采购和编目部主任。杜联喆(Lienche Tu, 1902—1994),天津杨柳青镇人。1924 年毕业于燕京大学历史系,1926 年获硕士学位,留校参与哈佛燕京学社引得编纂处的工作。1932 年两人合编《三十三种清代传记综合引得》。1941 年引得编纂处又出版了他们合编的《增校清朝进士题名碑录附引得》。1933 年两人先后赴哈燕馆工作。1934 年 8 月转往国会图书馆东方部参与清人传记写作计划,帮助恒慕义编纂《清代名人传略》。1963 年 9 月房兆楹在澳洲国立大学东方图书馆任副馆长两年后,重返哥伦比亚大学帮助傅路德教授编辑《明代人名录》。该书于 1976 年出版。同年哥伦比亚大学授予房、杜夫妇荣誉博士学位。

③ 田洪都,1903 年生,山东安邱人。1924 年武昌文华大学图书科毕业。1929—1941 年担任燕京大学图书馆馆长。裘馆长 1930 年夏回中国收集博士论文资料时,他来美代理汉和图书馆馆长一年。

④ 邓衍林 (1908—1980),江西吉安人。1928—1930 年在江西省图书馆任助理馆员。1931 年私立武昌文华图书馆学专科学校讲习班毕业。1931—1937 年任国立北平图书馆参考咨询馆员。抗战时入西南联大师范学院。1945 年赴美在哈燕馆担任中文编目,不久即入哥伦比亚大学,获教育学硕士学位。1946 年在联合国担任中文出版校对工作。1956 年 10 月回国任教北京大学图书馆系。著有《中文参考书举要》、《中国边疆图籍录》。

⑤ 陈鸿舜(1905—1986),江苏泰州人。1926 年毕业于燕京大学经济系,任燕京大学图书馆秘书。1941 年 10 月到哈燕馆工作;1942 年 9 月辞职入哥大图书馆学院;1943 年毕业后任哥大东亚馆研究员。1947 年 4 月回国任燕京大学图书馆馆长。新中国成立后,参加创建北京大学图书馆学系。历任副教授、教授。

东亚图书馆之一。他的建树可谓空前绝后。

美国的东亚研究及教学有今日之发展与成就多赖于东亚图书馆的支持与协助。裘馆长在这方面正是关键人物。我们向他在这个领域的领导力、对专业的奉献、热诚的服务和开拓者的眼光致敬。先生退休时，哈佛燕京学社董事会称誉他为“融贯东西传统精华的典型学者”，诚不虚也。

甘博照片数据库制作小记

◎ 周珞[1]

摘要：

西德尼·D. 甘博照片数据库是杜克大学图书馆制作的一个数据库，笔者自2008年初开始参加数据库中地名元数据的制作和翻译工作。本文主要陈述元数据的制作过程中遇到的困难挑战和解决的方法。本文也简单记录了笔者最近的一次尝试，即增加一个GIS地图以方便使用者更好地查找照片。

关键词：

甘博；照片数据库；元数据

My Role in the Making of Gamble Photograph Digital Collection

◎ Luo Zhou

Abstract:

Sydney D. Gamble photograph collection is a digital collection from Duke University Libraries, published in 2008. I have been involved in the creation of metadata of place names, including the translation of metadata into Chinese. This article is a brief summary of the difficulties and challenges in the process and the various ways tried to solve them. It also briefly accounts my recent attempt of adding a user - centered GIS map to this photograph collection.

Keywords:

Gamble photograph, digital collection; metadata

---

① 周珞，杜克大学图书馆中国研究馆员（Chinese Studies Librarian, Duke University Libraries）。

西德尼·戴维·甘博和他所拍摄的照片

西德尼·戴维·甘博(Sydney David Gamble，1890—1968)是社会经济学家，人道主义者和摄影家。甘博出生在美国的俄亥俄州，其祖父詹姆斯·甘博(James Gamble，1803—1891)是宝洁公司[①]的创始人之一。西德尼·甘博1908年随父母第一次来到中国的杭州旅行，为中国的古老文化着迷，也为它的贫穷感到震惊。普林斯顿大学毕业后，甘博在加州大学伯克利分校获得了社会经济学硕士学位。随后，他三次来到中国，分别是1917—1919年、1924—1927年以及1931—1932年。甘博以自愿者的身份，先后任北京基督教青年会(Young Men's Christian Association，简称YMCA)和中国平民教育运动(Mass Education Movement)的社会调查干事，并就职燕京大学基金会。甘博在1921年出版的《北京的社会调查》[②]和1926年出版的《二十五年来北京之物价工资及生活程度》[③]等，最早用社会调查的方法对北京社会生活各方面进行了梳理，至今仍然是研究那个时期北京社会的重要参考资料。

甘博也是一位出色的业余摄影师。他在1908—1932年间拍摄的中国各地的照片，包括5000幅左右的黑白照片，几百幅手工上色的玻璃幻灯片，和30卷16毫米电影胶片，为民国初年的中国社会建立起了一套丰富的图像档案。1984年，甘博去世15年以后，他的女儿凯瑟琳·科伦夫人(Catherine Gamble Curran)，机缘巧合在家里的阁楼里发现了这些保存完整的照片。1986年科伦夫人成立了西德尼·D.甘博中国研究基金会致力于照片的保存与推广。杜克大学图书馆于2006年和科伦夫人签署了正式的收藏协议，让这些照片最终落户在杜克大学的鲁宾斯坦图书馆(David M. Rubenstein Rare Book & Manuscripts Library)。

---

① 宝洁公司(Procter & Gamble Company)，1837年在美国成立。

② *Peking: A Social Survey*, by Sydney D. Gamble, New York: George H. Doran Co., 1921.

③ *Price, Wages, and the Standard of Living in Peking, 1900－1924*, by Sydney D. Gamble & Taiping Meng, Peking (China): Peking Express Press, 1926.

甘博照片的数字化

甘博的这些被重新发现的照片只有底片，存放在漂亮的红木箱子里。底片是那种高度易燃的硝酸胶片。科伦夫人雇佣了一名专业的档案管理员将这些底片从箱子里取出，装进专门的档案袋里，并将甘博手写的有关每幅照片的信息，打印整齐贴在每个档案袋上。杜克大学图书馆 2006 年 3 月与科伦夫人签署协议后，就着手准备这些底片的数字化。考虑到底片的高度易燃性，图书馆将底片数字化委托给麻省的一家公司（Chicago Albumen Works）。当年的 10 月，底片由科伦夫人处直接运去麻省进行数字化，公司还将打印出的有关照片信息的小条也进行了扫描。这些小条经过光标字符识别后，就成为建立数字库元数据的重要依据。见下图的例子：

161	Peking
900	Lion Lama Temple

底片的数字化到 2007 年春全部完成，全部底片运回杜克大学永久保存。图书馆随后开始甘博照片数据库的筹划。笔者自 2008 年 1 月开始参加数据库中地名元数据的制作和翻译工作。整个数据库在 2008 年秋初步完成，向公众开放。这是甘博照片首次完整地向公众展示。

甘博照片地名元数据的初次制作

数据库 2008 年秋对公众开放，但是对地名元数据的修正却一直在进行，其中的主要原因是甘博对地名的不规则罗马化，使用的并非标准的威妥玛氏拼写法，许多小地名的拼法完全是自创，且前后不一，令笔者常常倍感苦恼。

笔者 2008 年初开始地名元数据的制作。负责元数据编目的原始编目员先将 5000 幅照片的地名按照字母顺序罗列成一个单子，然后把重复的地名去掉。留下的不重复的地名中，有些的拼写虽然稍有不同，却明显属于同一地名，比如 Ichang 和 Ichong，属于这样情况的地名，编目员如果能够在 OCLC 上找到正规的拼法，就使用OCLC上的拼法把各种变异的拼法进行统一。如果在OCLC上找不到某个地名，基本上会保留所有拼法，比如：Pei Nin Ting，Pei Niu Ting和Pei Niu Deng。这样经过简化的单子就是我最初拿到手的资料，一共大约有500个。这时，笔者面对这些地名，却看不到它们相对应的已经数字化的照片，算是工作中的另一个困难。

这些地名有三种情况：第一类属于著名的城市或者外国人那时去中国常会观光的地方，这些地方名称的拼法相对较规范，比如：Hangchow；第二类是小地方或者那时的外国游客不常去的地方，这些地名拼法最不规范，常常是甘博询问过当地人后，用自己的办法记录下来带着当地人的口音的一个拼法，还会翻译部分地名，比如：So Village和TsaKa Lo；最后一类包括少量的日本、朝鲜、俄罗斯地名，空白的地名，以及模糊的地名，比如：on the sea。很显然，第一类与第三类地名相对较容易，第二类地名最花时间，遇到了最多的未解之谜。

元数据的制作包括两方面：用拼音统一拼写地名和增加所属省份。因为元数据要求在五月份完工，笔者做研究的时间非常有限，实在解决不了的地名，比如上面提到的So Village，就只是保留了甘博这种叫法，而且不加省份。地名一旦确定，省份似乎应该简单。让笔者犯难的是Jehol，即Rehe热河省。众所周知，热河是中国旧行政区划的省份，现包括河北省的承德地区，内蒙的赤峰地区，辽宁的朝阳、阜新地区。甘博在记录时只用了Jehol，而未指出具体在哪里，笔者无奈之下，只得保留“热河省”这个旧称谓，并做了工作笔记，希望在数据库中能够添加一个注释。这也是笔者最初接触地名或者行政区划更改的问题。有些地名名称未变，行政区划却发生了变化，比如重庆市的设立，将一些原属四川省的地区，划归了重庆市，笔者最后采取的办法是采用新的行政规划，仍然做了工作笔记，希望能够在数据库中加个注释。

甘博照片数据库于2008年秋上线[①]，正式向公众开放，笔者也是第一次看到了与地名相对应的那些图片。这些精彩的照片让笔者着迷，也为元数据中那些未完成和不完美之处深深遗憾。为这些照片震撼之余，笔者查找并阅读了有关甘博四次来中国的资料，详细了解资料中有关每次行程的记录，试图解决那

① 甘博照片数据库的网址是http://library.duke.edu/digitalcollections/gamble/。

些困扰笔者的地名。2009 年夏，笔者自动要求对地名元数据进行修正。

甘博照片地名元数据的修正

对元数据的这次修正有个有利条件，即地名、照片和数字化的照片原始信息相对应，可以检查并修正一些技术上的失误。仍然用上面的例子。

161 Peking
900 Lion Lama Temple

首先检查照片题目“雍和宫石狮子(Lion Lama Temple)”与实际图片是否对应，地名是否记录正确。原始信息里的数字，161 代表底片所属胶卷的号码，即第 161 卷。900 代表底片的曝光号，即第 900 幅。值得说明的是，那时的胶卷每卷大概有 4 到 8 张照片。甘博把所有照片都按顺序进行排列，所以才会有第 161 卷、第 900 幅这样的数字。

胶卷号按照甘博行程的前后顺序进行编排，为笔者修正错误和解决地名中的未解之谜提供了线索。具体的做法是将全部 5000 幅照片的元数据按照所属胶卷进行排列，并以当年的交通条件推断甘博转换地点与今天的情况比应该相对较为缓慢。比如，如果第 160 卷全部是北京，第 162 卷全部是北京，第 161 卷的 5 张照片中，如果有 3 张标注“北京”，两张属于无地名，那么笔者就推断这两张也是北京。这种方法的推测也有助于修正明显的错误。假如第 161 卷的这两张标注了地名，可笔者在 2008 年第一次制作元数据时，认为那是在福建的一个地方，那么笔者也会怀疑是否出错，是否只是北京范围内的一个小地名，而不是远在福建那个地方。这样的错误常发生在第二类地名中，即拼写不规范的地名。属于这种情况的，如果能够找出正确的小地名就更改；如果找不到，就更改地名所属省份或者直辖市，具体的地名则使用甘博的原始拼写。上文所提到的两个疑难地名，So Village 和 TsaKa Lo，经过这样的推断后，认定它们都在四川省。So Village 中 village 明显是"村"或"庄"的翻译。So 如果是标准的威氏拼音，转换成汉语拼音则是 suo。笔者尝试了几个可能的 suo 字，却没有任何发现，只得暂时保留 So Village。TsaKa Lo 按照行程仔细推敲，最后被确定为杂谷脑，位于四川省理县。这主要归功于理县的确定。甘博使用 Li Fan 来记录这个地点。笔者 2008 年没有弄明白 Li Fan 在哪里，这次首先确定了 Li Fan 在四川省，进而弄明白了 Li Fan，是理番，即现在的理县。理番这个地名自清乾隆十七年(1752)使用，直到 1946 年才取消。理番是治理番民的意思，杂谷脑是县治所在。地名蕴含的这些丰富信息在数据库中却没办法很好地陈述。笔者仍然是先做工作笔记，希望以后可以找到好的解决办法。

57A
309　　Hillside House
　　　　Tsa Ka Lo

这次修正解决了第一次制作元数据留下的一些难题，更正了一些错误。但是仍然有些遗留的问题和尚未发现的错误。数据库的主页有留言的地方，笔者希望使用数据库的公众和研究人员们如果发现了错误，可以向我们指出，让我们的数据库能够更加完善。这次修正中，地名更改的情况变得越发突出。笔者希望能够保留甘博的原始拼写，比如，TsaKa Lo，让那些只熟悉甘博的使用者

45A
245 Main Street
So Viilage

在搜索时能够找到相应的照片。笔者希望能够为地名加注，使用者在找到某个地名时，能够对地名的变更有最基本的了解，方便他们做进一步的研究。但是数据库的最初设计却没有给这样的信息留下空间。地名的拼音只能有一个，所属省份/直辖市也只能有一个，并且没有任何可以给地名注释的地方。

到2009年夏，笔者使用的主要是各种文字性的参考资料，有地名词典、地方志等。随着对甘博行程的梳理，笔者开始使用地图，包括印刷的民国老地图和电子地图，如百度地图。2010年夏，笔者再次把一些仍然未解之谜拿出来，希望可以用地图的手段进一步推测。其中So Chou和So Village便是一直困扰笔者的两个地名。笔者2008年第一次接触So Chou时把它当成苏州，2009年按照行程推断后，知道不可能是苏州，应该在四川。另外当年外国人对苏州相对熟悉，似乎应该知道苏州当时的正规拼写为Soochow。假定Chou仍然是“州”，那么还是So让人困扰。仍然按甘博的行程推断，这两个地方应该都离汶川不远。再假定甘博使用的So大概和Soo的发音接近，那么So Village这个地名可能叫“苏村”或者“苏庄”。用地图在汶川附近果然找到了“苏村”这个地名，只不过有三个一模一样的“苏村”，这让笔者即欣喜又无奈，大概只有将来研究人员做过实地考察后才能真正确定甘博去过的“苏村”究竟在哪里。只是汶川附近却没有“苏州”。经过一番文献与地图的推断，笔者认为“遂宁”的可能性很大。遂宁古称“遂州”，至今“遂州”这个名称仍广泛存在于今天遂宁市的街道和单位的名称里。只不过甘博拍摄的So Chou照片都是山间小路，与遂宁这个大地方很不相符。笔者希望对甘博照片关注的学者们可以帮助我们解决这些疑难问题。

甘博照片数据库的GIS地图尝试

甘博照片数据库自2008年秋上线以来，使用率一直是杜克大学图书馆制作的数据库中较高的一个。使用者们可以在数据库中搜索某个地名，找到相应的照片，也可以按照省份或者甘博的三次行程进行浏览。对于不熟悉甘博照片的使用者，如果按照甘博的行程浏览，那么每次行程都有一两千幅照片，让人目不暇接。如果按照省份/直辖市浏览，照片少的地方，浏览起来比较方便；而北京这个直辖市，有1500多幅照片，使用者仍然会觉得茫无头绪。笔者希望为数据库的使用者提供另一种找寻照片的方法，让不熟悉甘博照片，不熟悉中国的读者可以更容易地浏览照片，进而发现有趣的有价值的照片。笔者也希望能有机会将制作地名元数据过程中遇到的各种问题和已经找到的答案在数据库中很好地表现出来。笔者在利用地图找寻地名的过程中，充分体会到了地图的直观性和蕴含的大量空间信息，希望能为甘博照片增加以地图为入口的搜索功能。

2011年初，笔者了解到密执安大学的中国数据中心[①]设计的China Geo-Explorer，这是一个有关中国的GIS[②]平台。GIS是利用计算机的功能，将空间信息与其他各种信息整合在一起的一个系统。如果甘博照片数据库能有一个GIS的检索平台，那么使用者们进入这个搜索平台，首先会对中国，对甘博的几次中国行程有一个非常直观的认识。他们进而可以自己操作，对感兴趣的地图局部进行放大以便对某个区域内的照片有更精确的了解。比如：使用者们如果对北京地区进行放大，就会清楚看到哪些照片是雍和宫的，哪些是北海的，哪些是北京郊区妙峰山的等等。无论使用者对北京是否熟悉，这个功能都有助于他们将北京地区的照片，分区分片地逐步了解。甘博三次行程都到过北京，看看

---

① 中国数据中心，即China Data Center，网址http://chinadatacenter.org/。

② GIS是Geographic Information System的缩写，即地理信息系统。

他每次都去哪里，哪些地方去过三次，哪些地方只去过一次，应该是非常有趣和有启发性的探索。

笔者 2011 年夏季完成了数据方面的整理准备工作。主要是增加照片地名的中文翻译，增加更精细的地名，比如前面提到的北京北海，以前可能只标注了北京，现在就加上北海。另外标注了每幅照片独有的链接(url[①])。中国数据中心将笔者提供的数据加上地理坐标后，放入 China Geo - Explorer 这个平台。感兴趣的读者可以到这个网址 http://chinadataonline.org/cgepublic/，进入数据库后，点击历史图片(Historical Collection)就可以看到为甘博照片所加的 GIS 地图。图中红色的点代表甘博所拍照片的地点。所有地名有中文也有拼音，方便不同使用者识别。使用者们利用这里的放大和缩小工具可以方便地放大细看某个地方，或者缩小以观全局。点击每个红点，能看到那个红点代表的具体照片，再点击上面的链接就可以进入数据库中有关这幅照片的页面查看这幅照片的元数据。

初次的尝试基本让人满意，虽然很多地方需要更精细的设计，比如：用不同颜色的点代表甘博不同的行程，以便每次行程所到之处可以一目了然；增加日本、朝鲜以及俄罗斯的照片。但是有一项最重要的功能却有待增加，即这些地点的历史信息，让使用者可以将今天的地名和其行政区划与甘博时代的情况相比照。目前有关民国的历史地理信息数据仍在整理研究中。笔者期待这方面研究的早日完成，让我们在不久的将来可以利用研究成果完善甘博照片数据库的这个 GIS 地图。

小结

笔者自 2008 年开始参加甘博照片数据库的制作，不想因此结缘。文章是小结而不是总结，表示工作尚未做完，仍需努力。元数据中还有一些未解之谜需要各位同仁和数据库的使用者们帮我们解惑。数据库本身的结构设计需要改善更新，以方便更新容纳新发现的数据，增加新的内容。储存容纳元数据的

① url 指 uniform resource locator，即统一资源定位符。

系统在过去的四年中已经变更过一次，可是图书馆的同事对新的系统并不十分满意，再次变更也是早晚的事。GIS地图需要完善完成，才能真正为使用者服务。数据库的双语化才刚刚开始，向中文使用者推广的计划也才起步。当初笔者以为底片数字化完成了，工作就完成一半了，几年工作下来才体会到那才仅仅是开始呀！

“数字敦煌”：来自莫高窟的报告[①]

◎ 周欣平[②]

摘要：

把敦煌石窟按现在的状况完整保存下来，作为一个世界文明的遗产永久地留给子孙后代，唯一的办法就是通过高科技手段，将已经获得的和将要获得的图像、影像、文字、考古和保护等多种数据汇集起来，构建一个数字化、集成化的大规模石窟壁画资源库及敦煌研究数字资源保障体系，完整有序并且永久地储存这些资源，并为学界和大众使用，这就是“数字敦煌”。这是一个永久的、可靠的、呈动态、可更新和升级的系统，亦是一个资源管理和保障体系，以永久储存为主要目标，提供数据更新、数据自动检测和数据迁移等多种功能和一个强大的综合敦煌石窟图像和文献库。

关键词：

敦煌石窟；敦煌保护；敦煌研究院；数字敦煌数据库；数字资产管理系统；数字资源永久保存系统

Digital Dunhuang：a Report from the Mogao Caves

◎ Peter Zhou

Abstract：

If we want to permanently conserve Dunhuang Caves and pass them to the future generations

---

① 在本文的撰写过程中，何剑叶和林萌审阅了全文，并提出了宝贵意见。作者特表示感谢。

② 周欣平，美国加州大学伯克利校区东亚图书馆馆长、大学图书馆总馆助理馆长（Director of C. V. Starr East Asian Library, Assistant University Librarian, University of California, Berkeley）。

as a world heritage, the only way is to integrate all the content materials that have been created and will be created into a digital repository and access platform, which can provide perpetual preservation, DAM, and access by the academia and the public in a systematical way. Such a system is Digital Dunhuang. This is not only one mural repository database, but a perpetual, reliable, robust platform. It is a data management and protection system, with a primary goal of providing permanent preservation of Digital Dunhuang content and related information, capable of data ingest, storage, upgrade, error detection and data migration. It will also have a powerful front - end for the global access to images and texts.

Keywords:

Dunhuang Caves; Dunhuang Conservation; Dunhuang Academy; Digital Dunhuang; Digital data management system; Digital preservation system

图1：莫高窟第112窟 中唐 781—848 观无量寿经变部分乐舞图（南壁） 照片由敦煌研究院提供。

“劝君更尽一杯酒，西出阳关无故人”，这一千古绝句生动描述了敦煌的地理位置。敦煌是古代丝绸之路上的一颗明珠、西域边陲重镇。它以独特的地理、文化及自然条件保存了华夏古代文明的遗产。从西安到敦煌的飞机上俯瞰千里黄土坡、戈壁滩，宛如到了另一个世界。这里曾经是繁华之地，有无与伦比的中国古代壁画艺术和令人梦绕魂牵的飞天传说，在古代，它联系了中亚多国文明。

2011年2月，我有幸受敦煌研究院的邀请，以国际咨询专家的身份主持了“数字敦煌：石窟壁画及敦煌研究数字资源保障体系”的功能需求及设计开发的论证工作。主持这个项目的美方专家还有我的同事、数字资源保护专家 Linda Tadic。经过了一年多的艰苦工作，我们两人共同撰写了《数字敦煌：石窟壁画及敦煌研究数字资源保障体系用户功能需求报告》、《敦煌研究院目前的数字化工作流程》和《数据库提供商分析》共三份报告，为“数字敦煌”系统的总体设计开发及数字资源的永久保存提供了一个蓝图。2012 年 3 月，敦煌研究院举行了国际专家论证会，对我们的报告进行了论证。最后，报告由来自北京大学、中国科学院、北京故宫博物院、台北“故宫博物院”、首都博物馆、台湾“中研院”、大英图书馆、美国西北大学、美国盖蒂保护所、香港城市大学和敦煌研究院及中国文化部等机构和部门的专家小组进行评审并获一致通过。

图 2：在“数字敦煌：石窟壁画及敦煌研究数字资源保障体系”国际专家论证会现场，专家们听取本文作者的陈述。照片由敦煌研究院提供。

在 2011 和 2012 两年中，我四次来到了大漠之中的莫高窟，做田野调查，并与敦煌研究院各研究所、数字中心和信息中心的 50 多位研究人员和专业人员面谈，撰写了调研报告。当我身处这座巨大的世界文明遗产和艺术宝殿之中时，我的心灵受到了极大的震撼，留下了许多刻骨铭心的记忆。直至今日，夜深人静之时，我的思绪还会飘到大洋彼岸戈壁滩中的莫高窟、月牙泉、鸣沙山。在讨论“数字敦煌”这个项目之前，我想先讲几个我在敦煌亲身经历的故事。

我与敦煌的缘分是从著名学者樊锦诗开始的。在敦煌研究院内有一座石雕，名为“敦煌的女儿”，雕刻了一位二十出头的姑娘，身背斗笠，面向戈壁大漠。

图3:作者在莫高窟石窟保护现场。

她就是敦煌研究院现任院长樊锦诗。樊院长20多岁时从北大考古系毕业后就来到敦煌，至今已有40多个春秋了。身为一个上海姑娘，北京大学的高材生，她离开大城市，来到地处偏远的敦煌，从一个意气风发的年轻女大学生，到今天白发苍苍的老人，她把一生都献给了敦煌，被誉为“敦煌的女儿”。

第一次见到樊院长是在伯克利。为了“数字敦煌”项目，从2009年开始，樊院长以70多岁的高龄，前后共三次来伯克利找我。面对这位闻名世界考古界和石窟艺术界的泰斗，我不禁诚惶诚恐。记得她最后一次来伯克利，是同微软创始人比尔·盖茨的母亲Mimi Gates一起来的。Mimi Gates是敦煌基金会的主席。我当时就想，是什么把我们这三个经历和身份完全不同的人召唤到了一起，一个是蜚声中外的敦煌学学者，一个是世界首富的母亲，一个是图书馆长，这都是因为面对敦煌的过去、现在和未来，我们都具有强烈的责任感，为了把这个世界文明遗产永远保存下去，我们都要尽一份绵薄之力。

和樊院长谈过话的人都会被她平和低调的人格魅力所感染。这位令人崇敬的学者，我其实早有所闻。除了她在敦煌学方面的建树，令我最难忘怀的还是她朴实的学者风范。敦煌的朋友们告诉我，樊院长到北京开会时，总会住在

图 4：作者与敦煌研究院院长樊锦诗 2012 年 3 月在莫高窟前的合影。

一个最简陋的小旅店的地下室，几十年不改，过去每晚住宿费才十几元，今天也才几十元。搞得连文化部派去接她开会的司机都不知到哪去找她。相比今天中国政界、商界乃至部分学术界的奢华之风，樊院长一身正气、两袖清风的高风亮节令人佩服。就是这样一位朴素资深的学者，却极力追赶信息革命的浪潮。是她第一次提出了"数字敦煌"的概念，引领了国内文博界的信息革命浪潮，打造了一个具有世界先进水平的敦煌数字中心；也是她把具有极高科技含量的激光点云成像技术运用到了敦煌石窟考古领域，把一批国外的专家带入了敦煌学和敦煌保护工作的行列，这包括盖蒂保护所的人员、西北大学多媒体研究人员、ARTstor 和微软亚洲研究院的专家。

图5：2010年6月敦煌研究院院长樊锦诗邀请作者主持“数字敦煌：石窟壁画及敦煌研究数字资源保障体系”的前期论证工作，并赠送礼物。

要想了解敦煌，先要了解敦煌人，包括研究院的学者、工程人员、画家、艺术家、文物工作者和工作人员。我对他们了解最深的一次莫过于对榆林窟的实地考察。邻近莫高窟的榆林窟同属敦煌石窟，但它比莫高窟的知名度要低很多。从莫高窟到榆林窟乘汽车要一个多小时，途中经过沙漠和绿洲。源自祁连山的党河，冲刷出西千佛洞的断崖。榆林窟就坐落在榆林河畔的峡谷里，十分偏僻。榆林窟最早的洞窟起始于唐代，它的壁画可以与莫高窟的壁画媲美，它的西夏壁画尤其令人叹为观止。

到达榆林窟时已经是下午。榆林窟的负责人先带着我们参观石窟壁画，参观完后已经是傍晚了。此时晚霞映照在崖石上的石窟岩壁上，十分壮丽。远处的榆林河也传来一阵阵涛声。此时，除了榆林窟的十几个工作人员外，只有Linda、我及司机三个客人。主人热情地邀请我们到他们的食堂去共进晚餐。食堂里只有一张简陋的餐桌，炒的菜是榆林河边菜地里摘的，没有肉。据主人说这里出去买菜很不方便，只能自种自吃。这里没有电视，没有现代的厕所和抽水马桶。这一切使我回想起20世纪70年代我在农村下乡插队时的情景，是那样的原始和艰苦。夜幕逐渐降临，峡谷里一片寂静。我不禁向主人问道："榆林窟在如此偏僻之地，你们既无现代的警卫设备，又无部队在此防卫，如果有贼人夜里来盗壁画和文物，你们如何处置？"主人告诉我，一年三百六十五天，他们每天每夜都在此防守和巡逻。他们指着不远处的几只大狼狗告诉我说，每天晚上他们把通向石窟的大门关上后，就把这些狼狗放开，有了这些狼狗，盗贼就不敢靠近了。这些敦煌的看护人大都是抛家别子，每月只能回家几次。酷暑寒冬，他们年复一年地终日守护在这里，远离一切现代社会的方便舒适和城市的喧哗。

敦煌人中还有洋学者、洋学生。我在敦煌研究院见到了一位长住在此地的美国姑娘。她名叫 April Hughes，是普林斯顿大学的中国艺术史博士生。碰巧她硕士是在伯克利加州大学的"亚洲研究小组"(Group in Asian Studies)念的。她硕士毕业那年碰巧"亚洲研究小组"请我担任该专业毕业典礼的主题演讲人，所以这次我们是一见如故。April Hughes 研究的是佛教艺术，自愿来到敦煌研究院给这里的研究人员教英语。用她的话来说，除了一份微薄的工资外，最重要的是可以得到院里的特批去看她想看的洞窟，这对她的研究工作至关重要。我问她在敦煌工作最困难的是什么，她说是难熬的寂寞。冬天里，一个人待在莫高窟的宿舍里，只有靠看那些从美国带来的光碟打发时光。我问她在这里最高兴做的事是什么，她告诉我她最乐意做的是乘敦煌研究院的班车到敦煌市里去看朋友。看着这位金发碧眼、美丽且充满了活力的美国姑娘我又不禁问道，在这荒郊野外的莫高窟，你只身一人害怕吗？她说她才不害怕。"中国人都很友善，我在研究院有很多朋友，也有学生，他们对我很好。"我想，有这些执著的洋学生，敦煌学这门世界性的学问可谓后继有人。

敦煌人也包括那些已经逝世了的专家和学者。在莫高窟对面的三危山下，宕泉河边，有一块墓地。这里埋葬着十几个曾经在敦煌工作过的敦煌保护工作者，包括敦煌研究院的前身——国立敦煌艺术研究所的所长，第一代敦煌学专家常书鸿，敦煌研究院第一任院长段文杰，以及曾经在研究院工作过的其他一些终身献身敦煌研究和敦煌保护工作的学者和专业人员。他们当中有常书鸿的夫人李承仙，段文杰的夫人龙时英等。他们都把一生献给了敦煌。敦煌研究院的朋友们告诉我，这些前辈来到敦煌时，当时的条件比现在不知要艰苦多少。寒冬腊月他们都只能睡在滴水成冰的破土屋子里，缺少食物和生活必需用品。从莫高窟到敦煌市骑着毛驴要走大半天，才能买回一些食品。今天研究院的职工乘坐班车从敦煌市到莫高窟的研究院上下班，单程仅需20多分钟。

虽然这片墓地比不上西敏寺教堂墓地之显赫、阿灵顿公墓之宏伟、八宝山公墓之著名，但它却是一块极其神圣的墓地。它是中华文明史上的一块丰碑，把一个辉煌的艺术宝殿和终身守护这宝殿的守护神们永远地连在了一起，只有寥若晨星的少数英杰才有资格长眠此地！

一、百年来的敦煌保护工作

自20世纪初敦煌遗书散落到欧洲、日本和美洲后，敦煌学逐渐成为一门世界性的学问。100多年来，敦煌的保护工作也从未间断。敦煌研究院前院长、著名敦煌艺术保护专家段文杰先生认为，敦煌保护工作的第一阶段是1900—1941年这40年，[①]这一期间的工作主要包括莫高窟藏经洞出土的经典文献的保存、寻踪、整理、校勘、考证、抄录、发布等活动，重大学术成果有罗振玉的《敦煌石室书目及发行之原始》、《莫高窟石室秘录》、《鸣沙山石室古籍丛残》、《敦煌零拾》，王国维的《敦煌发现唐朝之通俗诗及通俗小说》、《近三十年中国学术上的新发现》，刘师培的《敦煌新出唐写本提要》，向达的《唐代佛曲考》、《唐代俗讲考》，郑振铎的《敦煌俗文学参考资料》、《变文及宝卷选》，陈寅恪的《敦煌劫余录》等。另外还有王重民、向达、余道泉、姜亮夫等人先后去伦敦、巴黎和印度调查，抄录和拍摄的敦煌遗书。敦煌保护工作的第二阶段为1941—1978年这37年。这一阶段工作的重要特征是中国一批美术家投身敦煌石窟艺术的临摹、研究、宣传介绍工作，和长住敦煌对石窟的整理和保护工作，也包括清理石窟内外的积沙和石窟的加固工作。1944年敦煌艺术研究所成立，常书鸿担任所长。以他为首的一批有志于敦煌艺术研究和石窟保护工作的艺术家，在敦煌坚持工作了数十年，将一生献给了敦煌事业。根据段老的回忆，敦煌保护工作的第三

---

① 段文杰：《敦煌之梦：纪念段文杰先生从事敦煌艺术保护研究60周年》，南京：江苏美术出版社，2007年，第158—164页。

阶段是从1979年改革开放后至今,这是中国敦煌学大发展的一个重要时期。在这一时期,敦煌学的研究从国外转到了国内,彻底结束了"敦煌在中国,而敦煌学在外国"的局面。1984年敦煌研究院正式成立,由段文杰任院长。敦煌的研究和保护工作全面展开。在这期间,中国各高校和科研机构的专家学者也纷纷投身敦煌学各个领域的研究,成果丰硕。尤为重要的是,从20世纪80年代开始,敦煌研究院与美国、欧洲和日本的研究和文物保护机构合作,用现代科学技术保护敦煌石窟,在石窟保护材料的使用、环境检测与治理、石窟加固、壁画颜料变色和褪色机理研究、壁画和彩塑的修复方面都取得了惊人的成绩。敦煌保护工作方面的成就也为世人所瞩目。

二、敦煌石窟壁画的数字化工作

如同世界上的万物一样,物质的敦煌总有一天会消失。从20世纪90年代起,现任敦煌研究院院长的著名考古学家樊锦诗就提出了以数字化手段来保护敦煌的想法,即用先进的计算机和影像技术全面记录、展现和永久保存敦煌石窟和壁画艺术。用樊院长的话来说,敦煌石窟壁画这个文物不可再生,也不能永生,只能用高科技手段,将洞窟、壁画、彩塑及与敦煌相关的一切文物加工成高智能数字图像,同时也将分散在世界各地的敦煌文献、研究成果以及相关资料总汇成电子档案。

在这一思路下,1993年敦煌研究院与有关单位合作,开始用计算机来存储石窟壁画的图像,向数字敦煌的目标迈出了第一步。1994年由大英图书馆主持的国际敦煌项目IDP开始启动,敦煌研究院与国内及英国、俄国、日本、法国等国家的图书馆和博物馆合作,将散布在世界各地的敦煌遗书和手稿通过数字扫描后,在互联网上展示。从20世纪90年代中期开始,敦煌研究院逐步建立起了自己的数字化队伍,并有系统地将计算机和信息技术运用到敦煌石窟图像的采集、存储和发布等诸多方面。

1997年,敦煌研究院与浙江大学开始了一项合作研究计划,将精选的60个莫高窟用多媒体技术进行展示。1998年,美国梅隆基金会出资,协助敦煌研究院将22个莫高窟进行实地拍摄,并为44个莫高窟制作了计算机网络的虚拟漫游实景片。从20世纪90年代中期到21世纪初，美国西北大学的一个摄影团队也专程前来敦煌进行由美国梅隆基金会出资支持的“国际敦煌数字档案计划”的创建工作。

2004年，敦煌研究院向中国政府正式提交了《敦煌莫高窟保护利用设施》报告。这份报告在以下三个方面，就如何加强敦煌莫高窟的保护和利用设施的投资作出了阐述：数字图像的采集和利用、石窟保护、敦煌宝藏展示，从而为利用高科技手段来开发一个大型的数字敦煌系统奠定了理论基础。

三、“数字敦煌”的挑战

以上我谈到了敦煌的保护工作以及“数字敦煌”的缘起和发展。但是，“数字敦煌”所面临的挑战是巨大的。首先，它所牵涉的范围广泛，包括所有敦煌石窟、壁画和与其相关的文物、文献等。敦煌石窟是敦煌地区石窟之总称，包括敦煌市的莫高窟、西千佛洞，安西县的榆林窟、东千佛洞，肃北县的五个庙石窟。现共有洞窟812个，分别为莫高窟735个、西千佛洞22个、榆林窟42个、东千佛洞7个、五个庙石窟6个，石窟的开凿时期为公元4世纪到14世纪。莫高窟南区为塑像和石窟壁画集中的地区，现存洞窟492个(其中五个位于北区)，塑像2000余尊，壁画45000平方米，以及木结构建筑5座。这些实物以及有关的文献都要被包含在内。

其次，“数字敦煌”所包含的数字资源的数量是巨大的：需要拍摄400多个石窟的完整图像，包括石窟壁画和塑像的单个和拼接图像，储存完整的石窟考古和保护数据及文献，记录并展现敦煌研究院现存的文物、敦煌遗书和手稿，汇集有关敦煌研究的出版物、敦煌研究工具书等。“数字敦煌”的最终目的是在数字化的环境下，精确并高清展示敦煌石窟艺术的全貌，永久储存并保护有关敦煌的数字资产，并为研究中国乃至中亚古代的石窟艺术，以及历史、地理、宗教、经济、政治、民族、语言、文学、科技等学科领域提供数量巨大、内容丰富的资料。目前敦煌研究院已经完成大约50个石窟的拍摄。“数字敦煌”项目第一年的建库数据量将包括90多万份图像、考古及石窟保护数据，超过30TB的容量；项目第五年的数据量将达到370多万件图像及数据和文档，超过100TB的容量。

图 6：敦煌石窟的数字图像。照片由敦煌基金会提供。

然后，随着拍摄和制作工作进一步展开，直到数字敦煌项目完成，数据量会成倍增长。敦煌遗书和敦煌研究文献也极为丰富。大量散落在世界各地的文献也必须链接或纳入"数字敦煌"平台。

"数字敦煌"系统的设计也是极其复杂的。它是一个整合许多子系统的庞大系统。来自敦煌研究院内不同单位，甚至其他机构，乃至不同国家的敦煌数字资源都要被整合在一起。另外，"数字敦煌"的数据是独特和复杂的。所有的敦煌壁画资料都属于结构性数据，即它们都存在相互交叉的联系，如壁画的局部与整体的关系、壁画的"父子"关系（单画与组画）等。不同类型的几十种数据都要在系统里进行符合国际标准的标注并加注元数据描述，这些数据包括图像、文字、数字等。这是一个多层次、多关连的复合体系。

最后，"数字敦煌"必须还是一个动态的系统，它必须提供对所存储的海量数据进行定期检测、查错并替补。一旦将来出现了新的操作平台和文档格式，还必须将大规模的数据进行升级、改制和迁移，保证"数字敦煌"的资源一千年以后也不损坏，不过时。除此之外，数字敦煌系统还必须把大量的图像和文档输送到前台展示，为全球的读者提供服务。这样一个集数字资产（复杂结构性数据）的管理、永久存储和发布为一体的超大型系统在世界上我们尚未见过。

即使是今天欧美国家最先进的数字资产管理、保存和发布系统也不能有效地解决“数字敦煌”所有的问题。

四、总体设计方案

在莫高窟的数字化工作进行了近20年后，设计一个大型石窟壁画及敦煌研究数字资源保障体系的工作就提上了议事日程。目前“数字敦煌”项目拥有的数字资产量已达到兆亿级，而且更大规模的石窟拍摄及数字化工作将要展开，这里每时每刻都有新的数据产生，包括石窟壁画拍摄团队现场拍摄的图像、石窟保护部门生成的数据，如石窟的温度、湿度、人员流动的检测数据，以及国

图7：莫高窟第254窟 北魏439—534 《舍身饲虎》图是公认的佛教艺术的经典之作。

内外各个研究团队在莫高窟实地采集的数据，如航空摄影图像、考古队在石窟内收集的激光点云图像、美术工作者的壁画临摹、计算机科学家们制作的石窟3D图等。敦煌研究院过去20年拍摄的大量平面图像和动画影像也需要整理，有的还要做制式升级。把这么多复杂的信息源归拢、整合并永久地保存，就需要由图书馆方面的综合信息管理专家和数字资源保护专家来协助筹划一个“数

字敦煌:石窟壁画及敦煌研究数字资源保障体系"。这也就是我和 Linda Tadic 被委派来做这个系统功能的前期调研和功能需求研究的原因。

我们提出了"数字敦煌"总体设计方案的三个核心部分,即一个基于工作流程的数字资产管理系统,一个基于资源永久保存的数字资产保存系统和一个基于全球发布的数字敦煌数据库，如下图所示：

后　台	数字资产管理系统(简称 DAM)
	数字资源永久保存系统
前　台	《数字敦煌数据库》

(1)数字资源管理系统:数字资源的生成和编目。图像和影像以及文字资料的管理和输送。数据版本的管理与监控、追踪和记录。将数字内容和元数据递送到前台。承担管理高清晰原始图像和原始文档的任务。

(2)数字资源永久保存系统:追踪和监控数据保存的过程和活动,包括对传送和存储后损坏了的数据和错误数据进行检测。完成文档的核准和数据入库时相关技术性元数据的提取。提供过时文档格式的监测,以及文档格式的提升和转换。提供 LTO 开放线性磁带数据拷贝过程的监测。

(3)数字敦煌数据库:一个可供世界范围内订阅的数据库。它发布的内容包括图像、影像、论文、敦煌遗书、专家手稿、善本书和敦煌研究出版物等。所有内容都来源于后台的数字资源管理体系,使用原始图像和文档生成并经过压缩处理过的替代数据。

报告还附有《数字敦煌:石窟壁画及敦煌研究数字资源保障体系功能需求表》、《数字资产管理主任的技术与核心职能》、《敦煌研究院文档命名规范》与《国际敦煌数字档案 MIDA》有关的元数据文件，和国际图联制定的《书目记录功能要求》。除了第一份功能需求报告外,第二份报告讨论的是敦煌研究院的数字化工作流程,包括大量不同文档的制式及标引规范、文档命名格式、敦煌遗书的数字化情况等。第三份报告则讨论了中国目前大型数据库设计和开发的市场能力,及对有关公司的评估。

由于我们的报告仍属敦煌研究院的内部报告，具体的数据和大量的内容目前尚不能公开发表。下一步的工作开展亦有待敦煌研究院、中国国内的文物保护主管部门和中国政府来决定。另外，以上三个系统的设计也要通过公开招标的形式来完成。在本文中，我就不对报告的实质内容做过多的讨论，而仅仅把这个系统的主要功能需求列入附录中（请参见附录）。

五、结语

“数字敦煌”，百年大计。它不仅将永久保存敦煌石窟壁画这个中国古代文明的杰作变为现实，也会对国内在大型数据库的开发、海量数据的永久保存以及数字博物馆的建设方面提供宝贵经验和借鉴。“数字敦煌”的最基本构想是用当今最好的信息技术和手段，以虚拟的方式来永久记录并保存敦煌这个世界文明的遗产，把它留给子孙后代。具体来说，就是要将已经获得的和将要获得的图像、影像、文字、考古和石窟保护等多种数据汇集起来，构建一个数字化、集成化的大规模石窟壁画资源库及敦煌研究数字资源保障体系，完整有序并永久储存这些资源。与古代敦煌石窟建筑不同的是，今天我们可以使用高科技手段，在虚拟空间里再现敦煌艺术，用三维和多媒体的方式，将不同的信息高清合成。随着新的科技手段不断被用于“数字敦煌”工作，我们将不断使用新的方法来揭示和展现中国古代文明之瑰宝——敦煌石窟。我们的研究报告仅仅为“数字敦煌”保障体系的总体设计和开发提出了一个初步的路线图。

今天的信息科技已经为用数字的方式，全方位、整体地再现敦煌石窟艺术，打造一个鲜活的，高强的，大规模的，无处不在、无所不有的“数字敦煌”艺术库提供了可用的平台和工具。这个虚拟的敦煌将把散落在世界各地的敦煌宝藏和百年来的敦煌研究成果联接起来，整合起来，从而把敦煌艺术完整保存下来，这个目标是完全可以达到的。

附录："数字敦煌"：石窟壁画及敦煌研究数字资源保障体系的基本功能需求

石窟壁画及敦煌研究数字资源保障体系的功能需求包括以下几个部分：

项目实施参数

基本功能需求

前期准备工作

国际、国内相关的数字化项目和国际通用的建库标准

以下是系统的主要功能需求：

"数字敦煌"入口门户　portals

第一个入口门户为敦煌研究院内部人员和外部的订阅用户共有，但他们被授予不同等级的使用权，能使用的资源各有不同。第二个入口门户是在互联网上对大众开放的免费网站，读者可以在这里看到一些介绍性的内容，但数量极其有限。这个门户网站也可以与敦煌游客中心的门户网站结为一体。

内容　Content

"数字敦煌"包含石窟图像，即石窟壁画和塑像的单个和拼接图像、完整的石窟考古和保护数据及文献、文物、敦煌遗书和手稿、敦煌研究的出版物、敦煌研究的工具书等。目前敦煌研究院已经完成大约 50 多个石窟的拍摄。第一年的建库量，图像、考古及保护数据，估计在 90 多万份左右，约有 30 多 TB 的容量；第五年的数据量将达到 370 多万件，约 100 多 TB 的容量。随着拍摄工作进一步展开，直到"数字敦煌"项目完成，数据量会再翻几倍。敦煌遗书和敦煌研究文献也极为丰富。散落在世界各地的有关文献也必须纳入"数字敦煌"的平台。

内容种类　Content Categories

拼接成的石窟壁画图像

未经过处理的原始图像

石窟的 QTVR 全景图像、虚拟漫游图

由敦煌研究院人员扫描的历史照片

影像

数字化复原的图像

第17窟的敦煌文献(敦煌研究院藏汉文卷书约400件)

敦煌研究院研究人员的学术出版物

当前出版的敦煌研究学术出版物

过去出版的敦煌研究学术出版物

敦煌研究院人员编写的目录、索引、词汇和其他查询工具

当前石窟保护数据

过去的石窟保护数据

环境气候监测数据

当前正在进行的石窟保护项目的照片

已经完成了的石窟保护项目的照片

石窟保护拍摄的紫外线照片

石窟保护所用的材料

考古报告

考古勘测图，包括手工绘图和计算机绘图

考古报告中所用的三维激光点云数据

大约10000件文物(目前尚未拍摄)

石窟壁画的临摹(目前尚未扫描)

敦煌文献(敦煌遗书)的缩微胶片(目前尚未数字化)

石窟互动性全景图 Interactive panoramic of caves (目前尚未制作)

文档种类与格式　File formats

TIFF, JPEG, JPEG2000 (still image), PSD, BMP, PSB (Photoshop large file format), CR2 (Canon raw format), DCR (Kodak raw format), DNG (Adobe/universal raw format), other RAW camera formats (list), CDR (Corel Draw), CAD, PTX (original 3D cloud points), DGN (Microstation Design File), PDF, CAJ, MOV (QTVR), MPEG2/35 Mbps (AVI wrapper), HD video files (format TBD), DPG (Ninetendo video file format), Word, Excel, txt, MPEG4, H. 264, FLV (Flash)

受控词表　Controlled vocabularies

词库 thesauri(分层次的词汇,而不是一个简单的词表)

特定词表,如主语、人名等

相关词汇

关键词抓取和标引

编辑输入功能　Editing and Inputting

DAM 系统提供大批量的文档编辑和输入(bulk edits)。DAM 系统提供个别字段的编辑和输入(individual field edits)。前台"数字敦煌"数据库使用者对文档和图像提供注录。系统管理员指定注录权。敦煌研究院人员可以删除、存储并将外界用户提供的注录作永久存档。

检索—DAM 和前台　Searching in DAM and Digital Dunhuang

对元数据进行关键词检索

文件内的关键词检索

布尔检索 Boolean search 高级检索,使用"和","不";浏览:根据受控词表来进行分面搜索(faceted search)

相关数据链接,如一个石窟的图像和有关这个石窟的文章的链接。

检索—DAM 和前台 Searching in DAM and Digital Dunhuang

石窟全景图(仅限于前台"数字敦煌"数据库):以一个敦煌石窟的全景图开始。使用者点击其中任何一个石窟,就可以得到几种选择:浏览和查寻石窟图像;查寻、浏览和使用相关的敦煌遗书手稿、文件、研究文献、石窟保护资料和考古资料等。更为理想的是,这个使用者可以将石窟的门放大,进入石窟,来作一次虚拟漫游 QTVR 和情景互动的体验。

非文字的检索:根据图像的颜色检索或视觉辨认(人的脸面或墙壁上的图形等)等方法检索。

显示和获取　Display and Access

DAM 上的高清晰原始图像(如 TIFF 图像,计算机辅助设计图像 CAD 和原始文档等)。这些主文件将被储存在敦煌研究院的服务器上和另外一个备份储存地点。前台"数字敦煌"数据库上经过压缩的替代图像也要对敦煌研究院的用户和外界用户以高清晰方式展示,并能放大或缩小图像。文档和多页文件，如善本书和手稿，将以电子书和电子文件方式在前台“数字敦煌”数据库中呈现。系统可提供地理空间数据的显示

用户空间：“数字敦煌”数据库的用户可以在系统提供的空间里来存储图像，对比图像，通过键盘操作来抓取和放入图像，组织和排列图像，并撰写注解。

链接 Cross - linking

所有的内容，包括图像、文件等都必须显示相关的数据。例如，一次检索可以产生一批拇指缩略图和基本元数据。使用者可以选择放大一个图像和与其相关的全部元数据。

元数据标准 Meta Data Standards

把“数字敦煌”建成世界一流的大型数据管理和发布平台，必须采用国际标准和建库方式。将所有的数据和文件做符合规则的标引和链接。这包括数据结构标准 Data Structure Standards (metadata element sets)，如 VRA Core，Dublin Core，MARC 等；数据值标准 Data Value standards (vocabularies/taxonomies)，如 LCSH，LCNAF，TGM，AAT，ULAN 等；数据格式标准 Data format/technical interchange standards, expressed in machine readable form，如 VRA Core XML schema，Dublin Core，DC qualified XML scheme，MARC，MARCXML 等。

系统的种类 Categories of systems

“数字敦煌”是一个复合性、多功能的系统，它包括下面几个子系统：

a. 原始数字文档管理系统 DAM〔Digital Asset Management〕，提供文件版本的管理、记录、工作单及流程控制；

b. 数字文献发布和管理系统 CMS〔Content Management System〕；

c. 数据储存系统 DR〔Digital Repository〕，可以提供数据迁移和永久维护，与 DAM 相关；

d. 检索、查询和展示工具 Discovery and Presentation Tools，与 CMS 相关。

2012年9月18日完稿于伯克利

中国古代地理历史研究指南

——《明清历史的地理资料》

◎ 薛燕[1]

Review of *Geographical Sources of Ming - Qing History*

《明清历史的地理资料》(*Geographical Sources of Ming - Qing History*,以下简称《资料》)由卜正民(Timothy Brook)教授编纂,1988 年由密西根大学中国研究中心初版,为其中国研究系列丛书的第 58 卷。作者历经数年研究后为本书增添了很多内容,于 2002 年由密西根大学再版。卜正民为著名汉学家,现任加拿大英属哥伦比亚大学历史系教授,兼圣约翰学院院长。卜正民曾于 20 世纪 70 年代在北京和上海留学,于 1984 年在哈佛大学获东亚语言和历史博士学位,后历任多伦多大学、斯坦福大学历史系教授。卜正民的主要研究领域是明史,主要著作有《纵乐的困惑:明代的商业与文化》(*The Confusions of Pleasure: Commerce and Culture in Ming China*)、《明代社会与国家》(*The Chinese State in Ming Society*)、《为权力而祈祷:佛教与晚明中国士绅社会的形成》(*Praying for Power: Buddhism and the Formation of Gentry Society in Late - Ming China*)和这本《资料》。作者曾参与李约瑟《中国的科学与文明》(*Science and civilization in China*)第七分册的编写,并在中国古代社会史、中日关系和人权领域多有著述。

《资料》是一本很特殊的工具书,也是这个主题唯一的英文工具书。作者将明清地理资料分为两大类:路程指南(route books),地理和机构志

① 薛燕,加州大学伯克莱分校东亚图书馆信息与咨询服务部主任、电子资源图书馆员(Head, Information and Public Services, and Electronic Resources Librarian)。

(topographical and institutional gazetteers)。路程指南又分为四类：全国性驿站路线指南、各省驿站路线指南、特殊驿站路线指南、综合性路线指南。地理和机构志按省归类，共包括18个省及所辖区、县的地理志。根据现在可能利用的资料，很难查到明清时期所出路程指南的具体种类。经过战乱和自然损毁，现仍存世的路程指南少之又少。正如一位学者指出，路程指南不像文学类书，被广泛系统收藏。反之，这类书常被剽窃、改写。① 因之现在所存明清路程指南都很珍稀，很多为孤本。本书初版时所收路程指南书目57条，再版时增至60条。其中最早的路程指南似为明弘治年间王琼所著《漕河图志》，约于1495年出版。另一本名著为明隆庆年间黄汴所著《一统路程图记》，于1570年出版。

本书收录的路程指南不是地图，而多以文字为主，配以地图。明清时期所出路程指南主要为旅行、行商者的水、陆路旅行指南，主要具使用价值而非文学价值。多数路程指南会列出村、镇、水流的名字，各路段的距离，旅行者一天大约能覆盖的路程。全国性路程指南《五车拔锦》②第二卷《地舆门》为典型书目之一。《地舆门》列述全国性路线43条，从北京至南京，到江西城至瑞州府。该书详尽记录所列全国干线起点、终点，途经主要城镇及它们之间的距离，旅行者应走陆路或水路。与这些路线相对应，该书还提供各地方政府所辖范围，地方资源特点，所出土产，辖内居民户数，上缴税收钱粮数目，所驻军马数目等。有些路程指南为旅行者提供更多的信息，包括旅店和轮渡时间表。有些更进一步提供对行商有用的商业信息。明清的民众就是依靠这些信息旅行、经商。作者将路程指南进一步分为政府所出驿站路程指南、边疆路程指南、漕运路程指南、皇家路程指南、海陆河路程指南、行商手册、朝圣路程指南。所收书目不仅对地理研究有重要价值，对历史研究、明清社会研究、商业研究、边疆防卫研究、宗教研究、军事研究和皇室研究亦有重要作用。

地理及机构志类书目是《资料》的主要构成部分。再版时书目由686条增至860条。虽然同为描述地理，它们的体例和内容与路程指南完全不同。地理及机构志实际为中国志书的重要组成部分。顾名思义，地理志描述山、河、湖、

① Jonathan Pease, Geographical Sources of Ming - Qing History, by Timothy Brook. Chinese Literature: *Essays*, *Articles*, *Reviews* (CLEAR). Vol. 12, pp. 144—147. 1990.

② 酒井忠夫监修，坂出祥伸、小川阳一编：《五车拔锦》，东京：汲古书院，1999年。

海、桥、渠、堤、园等;机构志记录寺、庙、祠、观、书院等。此类书目按地域编排。作者采用明末时期建制地名,以《明史》[①]40—46卷中所列省份为序。省以下府、州、县以拼音排序。明清时代各种志的出版达到鼎盛时期,内容丰富,体例成熟。因出版数量较多,现存世也较多。与其他志类似,地理机构志也多按主题编纂。以《南海普陀山志》[②]1843年版为例,所含20卷涵盖主题包括形胜、建置、梵刹、颁赐、经证、灵异、祖塔、禅德、法产、方物、艺文、诗咏、赞偈等。普陀山因是佛教名山,志的内容着重于对寺庙建筑、历史、僧侣的介绍。对皇室所赐碑文,历代文人所写诗词、文章也有详细记载。机构志以寺庙书院为主,通常对历史发展和史实记录详尽。以《东林书院志》[③]1881版为例,全书22卷涵盖建制、院规、会语、列传、祀典、公移、文翰、典守、著述、轶事等主题。该志包含对书院信条的详细解释,书院任教先生的传记,完整的礼仪制度的载录,重要的官府文件和代表人物的著作手记。作者所选860种地理机构志覆盖中国主要名山大川、寺院庙宇书院,这些著作为研究中国历史、地理历史、宗教尤其是佛教的发展、社会学、文学和文学史、明清教育、建筑和建筑史的学者提供了宝贵的资料来源。

作者尽量在较短的篇幅中包括可能多的信息。每条书目通常只有数行。书名以三种形式表现:中文、汉语拼音和英语翻译;其次为卷数,或册或章数;作者、编者以及出版商;书的原始版本及出版时间,再版的时间,及哪个图书馆拥有哪个版本;书目最后的注释为对该书的简单介绍,如路程书涵盖多少条路线,对题目的进一步解释。有时作者会指出历史上曾有过的版本但现已无存。清代以后再版、改版的书目一般不收录。

卜正民的著作强调透过普通民众的日常生活和基层社会的活动的细致观察,体现历史的复杂性和多样性。他在其著作中使用了相当数量的地方志材料,对墓志铭、文集、书信等资料也是信手拈来,以生动的笔触描写明代社会的全景。作者有关明清地方志、寺庙志、书院志的丰富知识有助于本人明史的研究,也会对其他明史研究者有所裨益。

进一步推论,作者编纂《资料》一书,与其研究兴趣和研究方法有关,实际上

---

① 张廷玉等奉敕修:《明史》332卷,台北:商务印书馆,1983年。

② 秦尧曾编辑:《南海普陀山志》(重修)20卷,南海普陀山:佛经流通处,1915年。

③ 高廷珍:《东林书院志》,台北:广文书局,1968年(原书出版于1881年)。

作者在撰写其他著作时已参阅了本书所包括的很多书目。作者曾应李约瑟之邀撰写《剑桥中国史》第8卷有关明代交通和商业一章，讨论了交通网络和方式的发展与商业发展之间的关系，书中引证了多部路程指南和著述。其后作者在撰写《纵乐的困惑：明代的商业与文化》过程中也参阅了不少相关书目。作者的历史观之一是明代交通的发展对商业繁荣有促进作用。《纵乐的困惑》一书中有若干章节讨论到交通和明代商业兴盛的关系。作者指出："洪武以军士供应和人员调动……为目的的交通手段的投资使得各交通子系统得以改进，这使商品流通变得更为容易。商人们的货物与政府的税收物资在同一条运河上运输，商业经纪人和国家的驿递人员走的是同样的道路，甚至他们手中拿着同样的路程指南。明朝政府从背后给人口和货物的流动——同样也包括思想和社会地位的变动——一个推动力，而市场则从前方加速了这种运动。"①综观卜正民的其他著作，《资料》的价值在于，一是为明史和其他历史学者研究者系统地提供了极有研究价值的地理历史资料来源，二是以丰富的路程指南和地理机构志书目侧面佐证了作者有关交通与文化、经济发展的关系的观点。②

本书初版时资料来源主要依据日本、欧洲和北美洲图书馆的馆藏。再版时扩大的内容主要来自中国的图书馆。作者确认拥有所收书目的图书馆有47个，包括中国国家图书馆，上海市图书馆，北京大学、复旦大学、南京大学、北京师范大学、中国社会科学院图书馆，美国的国会、哈佛燕京、加州大学伯克莱分校图书馆，日本的内阁文库、东洋文化研究所，英国的大英图书馆，剑桥大学、伦敦大学亚非学院图书馆。研究者可根据方便程度，去相关图书馆查阅这些资料。

从使用者角度来看，笔者以为作者如能有时间发掘更多图书馆的馆藏，也许能使本书的内容更为丰富。事实上现存明清地理机构志远多于本书所含书目。此外明清路程指南和地理机构志在一定程度上承继了宋元时期此类著作的特点和内容，如作者能继续扩展本书以包括明清以前同类著作，将对学界作出更大贡献，本书也将具有更重要的学术价值。

---

① 卜正民著，方俊、王秀丽、罗天佑译，方俊校：《纵乐的困惑：明代的商业与文化》，北京：生活·读书·新知三联书店，2004年，第12页。

② Morris Rossabi, Brook, Timothy: Geographical Sources of Ming - Qing History. *Journal of Asian History*. Vol. 22, pp. 191—92. 1989.

村志中的珍贵史料
——随笔三则

◎ 张海惠[①]

Valuable Data and Information in Cunzhi : Some Findings

◎ Haihui Zhang

这些年，匹兹堡大学东亚图书馆一直在努力根据自身实力，寻找建立特色馆藏的机会。对中国最基础一级行政单位的志书（街道志和村志）的收集便是近年来正在形成的馆藏特色之一。几年下来，在北美已初具规模。其实，作为中国传统文献地方志种类中的一种，村志并非新生文献类型，比如《四库全书》便收有清康熙间郎遂（1654—1739）所纂《杏花村志》，据说当属"修村志之端"。不过，这之后所修的村志屈指可数，自清康熙五十七年（1718）到民国八年（1919）间编纂的《紫堤村志》系列，是村志编纂的一个典型范例。村志被受到广泛重视，并大量问世，成为地方志中不论数量还是内容都不容忽视的一类，不过是近一二十年的事情。

"街道"和"村"作为中国城市和农村最基层的一级行政单位，其志书内容的独有和重要自然是不言而喻的。去年，斯坦福大学的薛昭慧和笔者曾就这些年中国出版的城市街道志做了个初步研究[②]。目前，人们对村志的编纂体例和内容仍在讨论，并在规范和改进的过程之中（笔者以为，村志内容的真实、材料的

---

① 张海惠，美国匹兹堡大学东亚图书馆中国研究馆员（Chinese Studies Librarian, East Asian Library, University of Pittsburgh）。

② Zhaohui Xue; Haihui Zhang. *Writing City History at the Grassroots Level: Jiedaozhi and Their Research Value Frontiers of History in China*, Volume 6, No. 4 (2011), p. 588—606.

原始、用语的朴实甚为珍贵，不必强求一致。有关这个问题将另文探讨），同时，人们对村志内容的价值还缺乏充分的认识。近来翻看一些村志，常常为一些村志所用语言的纯朴和不加修饰（越是早期、非正式出版的村志越是如此）而忍俊不禁，当然，更为村志中记载的不少稀见，甚至是独一无二的史料和独特价值而感慨。随手拈来随笔三则。

取之不尽的方言素材

顾名思义，“方言”是“地方语言”的简称，这里的“地方”指的是一个特定地理区域，而非一个行政村所属地理区域的概念，生活在行政村所辖的一个或几个自然村区域上的人们世世代代共同传承着作为地域文化一部分的“一方之言”。因此，“方言”成为所有县志内容中的一项必有的类目。然而，尽管县志有对方言的详细记载，村志所记载的方言仍然为中国丰富的方言文化提供了不可替代的资料，以山西《武乡县志》（太原：山西人民出版社，1986）所载方言与武乡县所辖墨镫村的《墨镫村志》所载方言资料为例。

《武乡县志》第五章为“方言”，开篇便指出该县方言“属北方语系。主要特点：声母中缺少翘舌音，韵母中的前鼻音被后鼻音取代……”，紧接着又分别介绍语音、词汇、讳言、歇后语，“均以城关话为准”。既然是“均以城关话为准”，自然不可能反映县内各自然地理区域方言的复杂情况。

墨镫村位于太行山西翼，长治市北，武乡县境内的东部地区。《墨镫村志》由武乡县墨镫村志编纂委员会编纂，2002年以非正式出版物的形式问世（笔者对非正式出版的村志更是“情有独钟”）。全书236页。据“凡例”，这本村志是该村有史以来的第一部村志。“方言”为村志的第五部分。在语音部分明确指出“由于地理位置比邻左权县（古辽州），故个别字的发音及风俗习惯无不受其影响，与武乡方言又有一定的差异”[①]。除《武乡县志》方言部分所说的一般方言特点（声母中缺少翘舌音，韵母中的前鼻音被后鼻音取代）外，村志还着重记载与武乡语音相较另有特色的墨镫方言，比如：车、锹、千不分，发“qi”音；哥、狗

① 《墨镫村志》，武乡县墨镫村志编纂委员会，2002年，第146页。

不分，发“gou”音；水、选不分，发“xu”音；等等。在词汇方面，墨镫村也有自己的特点，比如丈夫的母亲被称为“婆的”，厕所叫“高结”，成功叫“便宜”，等等。这些在1986年版的《武乡县志》的“方言”一章里都未被收进去。可见村志包含了更细化的方言信息。不仅如此，一些特色方言尚未被收入相关工具书。例如，目前中国收录方言的重要工具书《汉语方言大词典》（北京：中华书局，1999）便没有包括“屋爹待”（意为“很多”）等记录在《墨镫村志》里的方言，其他村志所载的方言资料也有同样的情况，更加表明村志所记方言资料的独有、丰富和珍贵。

难见于他处的数字

村志中记载了许多有别于他处，或不见于他处的数字和资料。这些数字和资料的价值不仅仅在于它们的独一无二，还在于它们为各种研究提供了原始数据支持，很有价值。

山西省地处黄土高原东部，是全国水土流失重点区域之一。据《山西通志·水利志》（北京：中华书局，1999）记载，山西全省县县都有水土流失的情况。《小店村志》（太原：山西古籍出版社，1999）有数种数据表格，详细记载了该村的水文信息，其中“1958年至1996年水井分布状况表”①，列举了该村1958至1996年间成井的数量、位置、井深、出水量/时、产出量/日，以及浇地面积。这些数字真实而具体地反映出当地地下水位下降、井灌面积下降的情况。

还有一些历史数据对社会生活研究很有参考价值。《小店村志》中有一个“1996年部分商品价格一览表”②详细记录了当地1996年216种商品的价格。大到水泥、预制板，小到卫生纸、雪糕，不仅包括了吃穿用的各类商品，还十分细化，比如仅面粉就有太原标准粉（25公斤/袋/41元）、河北凤凰面粉（25公斤/袋/40元）、运城皇牌面粉（25公斤/袋/45元）、河北特粉面（25公斤/袋/40元）、牛牌面粉（25公斤/袋/46元）、精面粉（25公斤/袋/42元）等六种。尽管很多工具书都对不同年份的商品价格有所记录，但地域不同，价格差别很大，尤其

① 《小店村志》，张育文主编，太原：山西古籍出版社，1999年，第141—142，214—217页。
② 同上。第214—217页。

是到了行政村一级的地方商店，数据更是少见。这些数据对研究中国商品和价格史，以及地区间的差异，是十分有用的资料。

（浙江）《水南村志》（北京：方志出版社，2003）有一个"土地改革时各村划分成分及耕地分配情况一览表"①排列了土改中地主、富农、小土地出租者、中农、贫农、雇农，以及土地和耕牛的情况，并有文字记载："土改中全村划地主37户，富农10户，没收祀产、庙产、校产等所有公产的土地、山林与房屋，以及地主的多余土地、耕牛、农具、房屋、家具等，分配给无地或少地及缺乏耕牛、农具、房屋的农民……土改中全村分配土地的标准，原则上是保留富农经济，征收小土地出租者的多余部分土地（以人均2亩为限），中农（自给户）不动，凡改出的农户人均土地1亩，改入的农户人均土地0.9亩。"这些历史数字对研究中国地方史、土改史，以及社会生活史都是非常有用的资料。

（山西）《北王村志》（2007年非正式出版）有一张"1949—2005北王村牲畜养殖情况"②的表格，详细列出了各年度牛、骡马、驴、猪和羊的头数。形象地体现了从小农经济时期，牛作为半分家产为村民重视，到了集体化后，大牲畜成为集体财产，集体统一饲养，统一管理，用各种办法大力发展大牲畜的养殖，再到责任制后，家家拥有大牲畜，以提高生产率，而进入90年代后，随着农业机械的普及，牛马耕作悄然退出历史舞台，最终发展到2000年，村中牲畜屈指可数的发展轨迹。同时，这些数字也为研究中国农民财产和生活的变化提供了一手资料。

难得的图像资料

随意翻看几部村志，竟发现不少十分珍贵的图像资料，不禁感叹千万不要忽略了村志中的图像资料。

月前，匹兹堡大学的一位教授希望帮助找不同历史时期的"解池图"。解池（也称盐池）是中国最著名的池盐产地之一，位于山西运城，又称"河东盐池"。根据地方志目录以及其他有关地方文献的工具书，在清时期所编纂的某些地方

① 《水南村志》，许亦江编著，北京：方志出版社，2003年，第96—97页。
② 《北王村志》，葛蒲生主编，2007年，第134—135页。

志中不难找到“解池图”,如言如泗(1716—1806)等人编纂的《[乾隆]安邑县运城志》中就有八幅图,包括运城图、盐池图等。另外2000年地图出版社出版的《山西省历史地图集》也有包括“清代河东盐池”在内的一些历史上的解池图。不过这些图多属线描示意图,并非近现代意义上的地图。民国年间也有“解池图”的存在,如民国初期朱松曾绘过一幅“山西运城盐池图”,民国十五年(1926)柴庆荣也曾绘过一幅“河东盐池图”,民国十八年(1929)出版的由欧阳缨编著的《表解中华析类分省图》收有一幅“解池详图”,这本地图集后来又再版过。请哈佛燕京图书馆的马小鹤先生传来1933年该图册第三版所含的“解池详图”照片,虽以“详图”命名,所反映的地籍信息仍有限,不过,比起线描示意图已清晰准确了许多。1949年以后出版的几种山西省分县地图集,也都在运城图中有“盐池图”,比起民国间《表解中华析类分省图》所含的“解池详图”来,不论是图廓线、地籍信息,还是高程差异辨识度,都好了许多。如1994年有山东省地图出版社出版的《山西省分县地图册》,2005年由同一出版社出版的《山西省地图集》,以及2007年由星球地图出版社出版的《山西省地图集》都有比较清晰的“盐池图”,每幅图也都呈现出盐池范围和海拔的细微变化。在普林斯顿大学何义壮(Martin Heijdra)先生的帮助下,见到这几幅包括在山西省地图册中的盐池图之前,笔者在本馆收藏的《裴郭村志》(2010)中意外地发现一幅“盐池图”,这幅图出现在“裴郭村地理位置图”上(可惜图之一小部分被“老村巷四门平面示意图”遮住了一块。让人不禁对村志编纂者缺乏对地图这类重要原始文献的认识而叹息)。这幅图与几种山西省地图册中的盐池图比较,也表现出了差异。所以说,村志中有这样重要的图像信息,实在是不容忽视的。

其实,除了这个地图的例子外,村志中还有许多图像资料,不仅有价值,还有意思。《西位村志》(2011,内部出版物)的彩色插页中有一幅当地人宁德鑫所绘“三月三胜境图”,注明的尺寸是50 cm × 240 cm。该画是一幅彩色工笔画,描述的是当地民众欢闹“三月三”的情景,色彩鲜艳,人物众多,刻画细腻生动,形象地诠释了该村志第十六章“民情风俗”中关于“三月三”的描述:唱大戏,闹社火,组织花车、抬搁、高跷等大型文艺活动,热闹非凡。1989年该村将“三月三”定为村庆日。这幅画无疑对表现山西民俗风情有着积极意义。另外,《上兰村志》(太原:山西人民出版社,2011)收载了相当数量的老照片,如50年代汾河上漂流的列列木筏，清末的晋剧艺人吴光裕、苗其年，1918年吴光裕婚礼的全家福，民国二十二年（1933）上兰村初小的毕业照，1948年驻扎在上兰村准备解放太原的解放军，等等。这些照片绝对是研究地方史的珍贵资料，有些对研究中国历史也有重要的参考价值。特别是，笔者以为这种图文兼备表现地方特色纂修村志的做法实在是值得提倡的。

目前，匹兹堡大学东亚图书馆已经收藏了村志近500种。从这些数字中可以发现，全国各地村志编纂和出版的情况差别不小。近年来，北京地区、山西省、山东省等地区出版了比较多的村志，应当和当地政府的重视以及修志传统有关。其实，村志中重要甚至珍贵资料和信息远不止三则随笔提到的这些，这类文献资源还有待于人们的重视和开发，除了它本身所具有的承载中国文化的价值，还可用于人类学、社会学、社会生活史、地方史、民俗、方言等方方面面的研究。

中国研究图书馆员学会章程

一、宗旨

中国研究图书馆员学会(以下简称“学会”)是一个在美国注册的非盈利、非政治的学术组织。其宗旨在于为海内外的中国研究图书馆员提供一个开展学术活动、交流专业经验、共享信息资源、促进合作的平台,借此推动以文献资源研究为主的中国研究的发展。

二、成员

1. 学会由中国研究图书馆员或非中国研究图书馆员但有兴趣从事中国文献资源研究者志愿加入组成。

2. 学会成员缴纳一次性入会费 180 美元,无年费。

3. 学会会员享有参加学会活动、决定会务、选举和担任职务的权利。所有会员地位平等,机会均等。

三、组织结构

1. 学会由执委会和下属五个委员会组成。执委会含主席和六名执委。主席负责全面工作,执委分任执行长和委员会主任。

2. 执委会候选人可自荐或推荐,经会员投票当选,任期两年。得票最多的当选执委为主席,主席不能连任。执委连任最多不超过两届。

3. 当选主席委派当选执委分任执行长,总务委员会、学术委员会、专业委员会、信息委员会和学刊委员会主任。委员会主任邀请学会会员任各委员会委员。委员会人数不限。

4. 执行长协助主席处理全面工作,总务委员会负责财务、会员入会、选举、年会等事务,学术委员会负责各项学术活动,专业委员会负责专业交流与合作,信息委员会负责网站、会员通讯和数据库建设,学刊委员会负责学刊编辑和出版。

5.学会力求发挥所有会员的积极性。在本人同意的前提下，学会将邀请所有会员加入不同的委员会。

6.学会设立顾问委员会。顾问人选由执委会决定，任期两年，可以连任。

四、学会活动

1.学会每年举办一次年会。年会由总务委员会和年会举办地的会员共同组织。年会内容包括工作总结、未来规划、会务讨论和联谊活动。

2.学会的学术活动由学术委员会负责，主要为合作研究项目和举办学术会议。研究项目由会员个人提议，学术委员会立项配合。学术会议可由学会单独组织，亦可与其他团体共同举办。

3.专业委员会协调学会的各项专业活动，包括学会会员的业务交流、组团出访、对外讲学等活动。

4.信息委员负责设立与维护学会网站、发行会员通讯、编辑会员名录，并建立和更新数据库。

5.学会的会刊为《天禄论丛》，由学刊委员会负责。

6.学会将积极展开与其他学术团体的交流与合作。

五、章程修订

本章程的修订需经三分之二以上的会员表决通过。

2010年3月23日于美国宾州费城

Constitution of the Society for Chinese Studies Librarians

Ⅰ. **Mission**

The Society for Chinese Studies Librarians (the SCSL thereafter), registered in the United States, is a non-profit, non-political academic organization aimed at promoting scholarly activities, professional exchange, information sharing, and project cooperation among Chinese studies librarians, so as to make contributions to China studies in general and to Chinese resources study in particular.

Ⅱ. **Membership**

1. The SCSL members are Chinese studies librarians who join the organization of their own free will. The SCSL also accepts applicants who are not Chinese studies librarians, yet possess a strong interest in conducting research on materials related to China studies.

2. The SCSL members pay a one-time entry fee of $180 to be officially affiliated with the organization. No annual membership fee is required.

3. The members enjoy the privileges of participating in SCSL activities, playing a role in decision—making, voting in important matters, and serving as officials of the organization. All members are entitled to equal rights and equal opportunity in the organization.

Ⅲ. **Organizational Structure**

1. The SCSL is composed of a board of directors and five working committees under the board of directors. The board of directors is made up of

the president and 6 board directors. The president is in charge of general SCSL affairs. The 6 board directors assume the positions of Executive Director and chairs of 5 working committees respectively.

2. The SCSL members can self-nominate or nominate others for candidacy for the board directorship. The election of the board directors is decided by a vote of all of the members. The tenure of the board directors is two years. The elected board director who receives the most votes will serve as the SCSL president. The SCSL president can serve only one term; the board directors can serve for a total of no more than two consecutive terms.

3. The president-elect assigns the board directors-elect to be the general secretary or to chair a working committee. There are a total of 5 working committees, i. e. the committee for general affairs, the committee for scholarly activities, the committee for professional activities, the committee for information exchange, and the committee for the SCSL journal. The committee chairs will in turn invite the SCSL members to join the working committees. There is no limit for the size of each committee.

4. The Executive Director assists the president for general SCSL affairs. The committee for general affairs is responsible for the SCSL finances, new member admissions, elections, and annual membership meetings. The committee for scholarly activities is responsible for academic events. The committee for professional activities is responsible for professional cooperation and outreach. The committee for information exchange is responsible for the SCSL website, newsletters, and database construction. The committee for the SCSL journal is responsible for the publication of the society journal.

5. The SCSL encourages the full participation of all members. On the premise of personal agreement, the SCSL will invite all members to join one of the five committees.

6. The SCSL sets up an Advisory Committee with its members decided by the board of directors. The term for an advisor is two years, and could be

reappointed as the board sees appropriate.

Ⅳ. **Activities**

1. The SCSL holds a membership meeting once a year. The annual meetings are jointly organized by the committee for general affairs and the local members of the cities where the annual meetings will be held. The agenda of the annual membership meeting includes work reports, future plan reviews, general affair discussions, and member networking.

2. The committee for scholarly activities is responsible for organizing the SCSL academic activities, including cooperative research projects and academic conferences. Research projects may be initiated by individual members, and approved and coordinated by the committee for scholarly activities. Academic conferences may be held independently by the SCSL or in cooperation with other organizations.

3. The committee for professional activities coordinates professional activities among the SCSL members, including but not limited to professional exchanges, overseas visits, lectures and workshops.

4. The committee for information exchange is responsible for setting up and maintaining the SCSL website, publishing newsletters, compiling the SCSL member directory, and constructing and updating databases.

5. The *Tianlu Luncong* is the academic journal officially published by the SCSL. The committee for the SCSL journal is responsible for its publication.

6. The SCSL actively seeks cooperation and partnership with other academic organizations.

Ⅴ. **Revision of the Constitution**

Any revisions to the constitution must be voted and approved by two thirds of the SCSL members.

March 23, 2010, Philadelphia, PA, United State of America